Una Giesecke

Dresden

Bomforzionös!

Geschichten & Anekdoten

Bildnachweis
Cover: ullstein-bild-Spiegl.

Innenteil:
Hans-Joachim Dietze: S. 6; --Nightflyer (talk) 21:24, 16 November 2015 (UTC), CC BY-SA 4.0, via Wikimedia Commons: S. 12; ullstein bild – Harry Hampel: S. 20; ullstein bild – ullstein bild: S. 23; Richard Peter, CC BY-SA 3.0 DE, via Wikimedia Commons: S. 26; Archiv Dieto: S. 29; ullstein bild – Zentralbild/ Ulrich Hässler: S. 33; Bybbisch94, CC BY-SA 4.0, via Wikimedia Commons: S. 36; ullstein bild – Klaus Winkler: S. 38; ullstein bild – ADN-Bildarchiv: S. 43, 65; Felix O, CC BY-SA 2.0, via Wikimedia Commons: S. 52; Stadtarchiv Dresden, CC BY-SA 4.0, via Wikimedia Commons: S. 55; Bundesarchiv, Bild 183-1989-0524-046 / Häßler, Ulrich / CC-BY-SA 3.0, CC BY-SA 3.0 DE, via Wikimedia Commons: S. 58; Benutzer:GuK, CC BY-SA 4.0, via Wikimedia Commons: S. 61; Fendler: S. 75. Alle weiteren Fotos stammen von der Autorin.

Danksagung
Ich danke allen Zeitzeuginnen und -zeugen, deren Geschichten ich erfahren durfte, die ich hiermit gern weitergebe.
Außerdem danke ich allen für ihr Verständnis, dass aus Gründen der besseren Lesbarkeit hin und wieder das generische Maskulinum verwendet wird, wo alle Geschlechter gemeint sind.

1. Auflage 2024

Layout: Da Forma Agentur für Gestaltung, Gudensberg
Satz: Schneider Professionell Design, Schlüchtern-Elm
Druck und buchbinderische Verarbeitung: Beltz Grafische Betriebe GmbH, Bad Langensalza

34281 Gudensberg-Gleichen, Im Wiesental 1
Tel. 0 56 03 - 9 30 50 www.wartberg-verlag.de
ISBN 978-3-8313-3617-3

Inhalt

Vorwort

Liebe Leserin, lieber Leser,
wussten Sie, dass mal ein Elefant in Dresden Straßenbahn fuhr? Kennen Sie die Gruselstory vom Doppelmord 1946? Oder die Sache mit dem Raub des Sophienschatzes am hellerlichten Tage? Vielleicht ist auch der eine oder die andere unter der Leserschar in der Entbindungsklinik an der heutigen Georgenstraße zur Welt gekommen?
Diese und andere spektakuläre und unspektakuläre Ereignisse und Begebenheiten, an die sich mancher noch erinnern mag, sind eine unterhaltsame Ergänzung zur „offiziellen" Geschichtsschreibung. Hauptsache, Sie haben Spaß beim Lesen, und vielleicht stellen sich Aha-Effekte ein.
Bei alledem geraten interessante Menschen zu Unrecht in Vergessenheit, wenn die anschwellende Informationsflut jahrzehntelang über sie hinweggeht. Daher war es mir wichtig, an verdienstvolle Persönlichkeiten wie Ursula Bergander, Ursula Böttcher oder Dieter Kretzschmar zu erinnern. Viele Geschichten wurden mir von Dresdner Zeitzeuginnen und -zeugen erzählt, die spannend zu berichten wissen. So kennen zum Beispiel viele Dresdner noch den „Karajan vom Schillerplatz".
Bleibt mir nur zu hoffen, dass Sie Lust bekommen haben, ein wenig zu blättern; dass Sie hier und da hängen bleiben, um zu schmökern; und dass Sie entweder schmunzelnd an selbst Erlebtes oder Erlesenes anknüpfen oder sogar ein bisschen staunen.

Viel Vergnügen wünscht

Una Giesecke

Ein Zeitzeuge des 13. Februar 1945

Einer der letzten Zeitzeugen, die vom 13. Februar 1945 aus eigenem Erleben berichten können, ist Hans-Joachim Dietze, Dresdens derzeit ältester aktiver Gästeführer im Berufsverband. Als 15-Jähriger überlebte er das Inferno und schrieb seine Erinnerungen nieder. Das Tagebuch hat er seither durch persönliche Nachforschungen ergänzt. 2024 erzählte der 94-Jährige im Sachsen-Fernsehen: „Als die Fackel des Krieges auf uns zurückfiel, flohen meine Mutter, mein Bruder und ich in den Keller des Wiener Platzes 2." Eben dort fand man Jahrzehnte später bei Ausschachtungsarbeiten eine schwere britische Zeitzünderbombe, die entschärft wurde. „Ich habe sie mir genau angeschaut und festgestellt, dass sich die Spitze exakt an der Stelle jenes freigelegten Luftschutzkellers befand, wo wir während des ersten Angriffs ausgeharrt hatten. Wäre es kein Blindgänger gewesen, wäre ich heute nicht in der Lage, dieses Interview zu geben."

Doch schon zwei Stunden später heulte in jener verhängnisvollen Nacht der nächste Fliegeralarm. Die panisch Flüchtenden wurden in die Kellergänge der Hotels Victoria und Hoeritzsch getrieben, berichtet Dietze weiter: „Dass wir zufällig zwischen zwei Panzerschränke gerieten, ausgerechnet in den toten Winkel der Druckwelle, hat uns wenige Minuten später zum zweiten Mal das Leben gerettet. Denn bei diesem Luftangriff fielen rund um den Hauptbahnhof tonnenweise Sprengbomben. Die Detonationen erzeugten einen derartigen Luftdruck, dass man den ‚schönsten aller Tode' – den Blitztod durch Zerreißen der Lungen – starb. Allein aus unserem Keller wurden 750 Leichen geholt und übereinandergeschichtet wie Ölsardinen: Kinder, Frauen, Soldaten."

In Archiven und Adressbüchern fand der Überlebende, worum es sich bei den Panzerschränken gehandelt hatte: „In dem Haus saß die Leitstelle der Geheimen Staatspolizei, die die Akten der Dresdner Juden verwaltete. Das Archiv lagerte in Panzerschränken im Keller, wo die Gestapo jüdische Menschen auch verhört und gefoltert hat. Wer sich auf der Bismarckstraße 16/18 zu melden hatte, wusste, dass ihm eine furchtbare letzte Reise bevorstand. Von dieser Adresse ergingen die Befehle zur Deportation in die Vernichtungslager." Als die Kunstaktion „Gravuren des Krieges" 2001 den Ort des ehemaligen „Judenreferats" an der heutigen Bayrischen Straße mit einem Mahndepot markierte, war Hans-Joachim Dietze persönlich dabei.

Seit 1979 führt Dietze Gäste aus aller Welt durch Dresden. Einmal stand der Stadtbilderklärer mit einer Delegation des Weltfriedenskomitees und der Liga der Völkerfreundschaft auf dem

Mit seiner Kleinbildkamera schoss der 15-jährige Hans-Joachim in jener Nacht auf der Flucht vor dem Feuersturm verbotenerweise und vielleicht als Einziger Fotos wie das von der brennenden Technischen Hochschule kurz vor dem Einsturz der Nordfassade.

Neumarkt. Aus den 22 000 Kubikmetern Schutt der Frauenkirche ragten 1983 deren Restwände von Vorderfront und Altarraum anklagend in die Höhe. „Plötzlich trat ein Mann, der sich bis dahin abseits gehalten hatte, auf mich zu, presste mich fest an sich und flüsterte mir ins Ohr: ‚Du umarmst einen ehemaligen britischen Piloten der 5. Bomberflotte der Royal Air Force, die in der Nacht vom 13. Februar Dresden zerstört hat.' Als er sich wieder von mir löste, blickte ich in ein tränennasses Gesicht. An der Ruine hing damals die Losung ‚Brücken bauen – Versöhnung leben!'. In diesem Schlüsselmoment ergriff mich der Gedanke von Coventry. Aber bevor ich mich versöhnen konnte, musste ich einen viel schwereren Entschluss fassen: vergeben zu können." Er schaffte es, weil dieser Fremde den Teufelskreis unterbrochen und aus ehrlichem Herzen um Verzeihung gebeten hatte.

„Heute lauschen meine Frau und ich am 13. Februar immer ab 22.13 Uhr dem hörbaren Erinnern der Dresdner Kirchenglocken. Wir pflegen ein stilles Gedenken. Denn wir haben in der Familie Tote zu beklagen, von denen wir nie erfahren konnten, ob sie erschlagen wurden oder erstickt sind oder unter den Tausenden auf dem Altmarkt zu einem Häuflein Asche verbrannten. Wenn ich die Menschenkette sehe, dann stelle ich mir die Kette der Toten vor und höre im Geläut den Schrei nach Frieden."

Wie aktuell dieser Ruf wieder ist, beobachtet auch Hans-Joachim Dietze: „Ich mache mir sehr große Sorgen, weil die Kriege immer näher rücken, weil die Stimmung so aufgeladen und hysterisch ist, weil wir in der eigenen Stadt spüren, wie das missbraucht wird und weil auf dem Altmarkt gegensätzliche Bewegungen so unversöhnlich aufeinanderprallen: hier die unvernünftige winzige Truppe, die nichts aus der Geschichte gelernt hat, und da die breite Masse der Menschen, die Frieden, nur Frieden wollen. Gerade hat mir ein Taxifahrer, ein junger Syrer, der in Kiew Chemie studiert hat, erzählt, wenn er dort geblieben wäre, hätte er schießen müssen. Er wolle aber auf niemanden schießen. Wer hat überhaupt das Recht, mir zu befehlen, auf ein menschliches Gegenüber zu schießen? Diesen Leuten muss das Handwerk gelegt werden!"

Wracktourismus

Bis in den April 1945 standen mitten auf dem Albertplatz ein ausgebrannter Panzer T34 und das zerstörte Flugzeugstück mit zwei großen Motoren am Straßenrand vor dem Hochhaus. Zu diesen von der Nazipresse gefeierten „Feindverlusten" vom 13. Februar sollen bis zur Beräumung etliche „Wracktouristen" gepilgert sein. Die Erinnerung an diesen Abschuss hält seit 2001 eine fünf Zentimeter breite runde Markierung als „Ort 37" wach. Sie befindet sich in der Raseneinfassung neben dem Stromkasten auf der dem Hochhaus gegenüberliegenden Seite der Königsbrücker Straße. Sie ist eines von 70 Mahndepots der Initiative „Gravuren des Krieges" der Gruppe „kunstplan": in den Boden eingelassene Edelstahlhülsen, die Texte und Fotos enthalten. Die zugehörigen Bohrkerne bewahrt das Stadtmuseum.
Am 13. Februar 1945 hatten die britischen Verbände zwei viermotorige Bomber über dem Stadtgebiet verloren. Eine Maschine der 463. Schwadron explodierte über der Neustadt, Teile stürzten neben dem Hochhaus zu Boden und beschädigten dabei das Nachbargebäude Nummer 3. Ein weiteres Flugzeugstück mit einem Besatzungsmitglied wurde an der Görlitzer Straße 22

Die zugehörigen Bohrkerne und Geschichten des Kunstprojekts „Gravuren des Krieges“ bewahrt das Stadtmuseum auf.

gefunden. An der Jägerstraße 24 schlug der Rest des Wracks mit fünf Männern an Bord auf. Die Toten hat man sechs Tage später im Prießnitzgrund verscharrt. Am 24. Juni 1947 wurden die Überreste der Leichen exhumiert und zum Berliner War Cemetery überführt.

Explosive Fundsache

Im April 2020 meldete der Blog „neustadtgefluester.de“ eine explosive Fundsache. Bauarbeiter hatten nahe dem Albertplatz beim Baggeraushub im Erdreich Handgranaten entdeckt. An der Georgenstraße entstanden neben der Volksbank Eigentumswohnungen. Rund 45 Einsatzkräfte sperrten den Fundort ab und evakuierten 125 Menschen, um den Kampfmittelbeseitigungsdienst abzusichern. Polizeisprecher Marko Laske gab nach der kontrollierten Detonation bekannt: „Letztlich handelte es sich um eine scharfe Handgranate, die aufgrund ihres Zustandes nicht transportfähig war und vor Ort gesprengt werden musste.“

An jener Stelle hatten sich laut Zeitzeugenberichten noch nach der Kapitulation vom 8. Mai 1945 Nachhuten der 4. deutschen Panzerarmee, versprengte Soldaten und einzelne fanatische „Werwölfe“ einen tödlichen Häuserkampf mit den einrückenden Rotarmisten geliefert. In diesem Zusammenhang war auch die Rede von einem namenlosen Soldatengrab hinter der Villa Eschebach.

Was sich in jenen Nachkriegstagen in Dresden abspielte, beleuchtet eine traurige Geschichte der Neustädter Feuerwehr. Einsatzleiter Walther Dutschke erinnerte sich noch Jahrzehnte später an einen Brand Mitte Mai 1945 in der Königsbrücker Straße 95. „Im Keller hatten einige Russen übernachtet. Wahrscheinlich Werwolf-Angehörige hatten die Tür verschlossen, Benzin aus Kanistern durch die Fenster gegossen und entzündet. Wie unsere Männer berichteten, fanden sie beim Löschen auch verkohlte Leichen. Währenddessen zog auf der Straße eine Kolonne Polen vorbei, die den Brand bemerkt und gehört hatten, dass er von Deutschen gelegt worden sei. In maßloser

Wut verprügelten die Polen alle Deutschen, derer sie habhaft werden konnten, und erschossen zwölf von ihnen im Garten des Hauses. Dieses Schicksal ereilte auch einen unserer Kameraden."

Siegeszeichen

Die neuen Machtverhältnisse verdeutlichten die Umbenennung der Hauptstraße in Straße der Befreiung sowie das sowjetische Ehrenmal für ihre Gefallenen auf dem Platz der Roten Armee, wie der Albertplatz kurzerhand umgetauft wurde. Denn die 5. Gardearmee der 1. Ukrainischen Front unter Generaloberst Shadow sowie das 32. und 33. Gardeschützenkorps, kommandiert von den Generalleutnants Rodimzew und Lebedenko, hatten den Raum Dresden bereits am 7. Mai eingenommen. Am Totensonntag 1945 aufgestellt, war es das zweite sowjetische Denkmal auf deutschem Boden. Das erste stand in Berlin-Treptow.

Zu offiziellen Anlässen wie dem 8. Mai, Tag der Befreiung vom Hitlerfaschismus, legten Delegationen aus Betrieben und Schulen zu feierlicher Musik Kränze nieder mit Aufschriften wie „Ruhm der Großen Sowjetunion". Deren in Dresden stationierte Streitkräfte vollzogen das Ritual am 22. Juni, dem Tag des Überfalls auf ihre Heimat im Jahr 1941. In der Nacht zuvor mussten Soldaten das Ehrenmal von Schmierereien säubern.

Bis zur Umsetzung des Denkmals 1994 vor das Militärhistorische Museum stand die Figurengruppe in der Einfassung des wegen Beschädigung abgebauten Zwillingsbrunnens „Stürmische Wogen". Seit dieser 1994 zurückgekehrt ist, weist daneben ein Metadenkmal, eine unscheinbare Metalltafel mit kyrillischer Inschrift, auf den ursprünglichen Standort des Ehrenmals hin. Dessen Bildhauer Otto Rost muss von seinen sowjetischen Auftraggebern auch in Naturalien bezahlt worden sein, denn das

Das Ehrenmal der Roten Armee wurde 1994 an die Stauffenbergallee versetzt.

Stadtarchiv birgt einen Beschwerdebrief seiner Nachbarn in Striesen, die den erhöhten Alkoholgenuss des Bildhauers und den nächtlichen Lärm im Atelier beklagten. Otto Rost schuf übrigens auch ein steinernes Karl-Marx-Monument aus Anlass seines 70. Todestages. Im März 1953 stand es auf dem Platz der Einheit, wie der Albertplatz seit 1946 hieß. Noch vor Eröffnung der zugehörigen Ausstellung „Die Lehre von Marx ist allmächtig“ im daneben stehenden Pavillon der Deutsch-Sowjetischen Freundschaft verschwand es jedoch. Die Leute hatten über den „Wurzelzwerg“ gespottet, also beschloss man: „Welch eine Verunglimpfung – weg mit dem Machwerk!“

Grausiger Doppelmord

Im zweiten Hinterhaus in der billigsten Wohnung unterm Dach der Talstraße 9 – das Haus existiert heute nicht mehr – lebte im bitterkalten Hungerwinter 1946 die 33-jährige Frieda Lehmann. Im Advent lud sie ihre Arbeitskollegin Käthe Stiehler aus der Lampenfabrik an der Großenhainer Straße zu sich ein. Beide Frauen waren in einer ähnlichen Lebenssituation, Friedas Mann galt als kriegsvermisst, Käthes Mann war in Gefangenschaft. Frieda hatte gesagt, sie habe Spielzeug als Weihnachtsgeschenk für Käthes Sohn besorgt. Am 11. Dezember standen die Mutter und der siebenjährige Heinz völlig arglos vor der Tür. Sie ahnten nicht, dass sie eine brutale Mörderin besuchten.

Nachdem Käthe Stiehler mehrere Tage lang nicht zur Arbeit erschienen war, fahndete die Polizei nach ihr und ihrem ebenfalls verschwundenen Sohn.

Am 7. Februar 1947 kam es zu einem ungewöhnlichen Massenauflauf vor dem Hygiene-Museum: Berittene Polizisten mühten sich, die aufgebrachte Menge vom Lynchen abzuhalten, als Frieda Lehmann zum Mordprozess vors Schwurgericht in den vollbesetzten Steinsaal geführt wurde. Im Publikum saß der heimgekehrte Ehemann und Vater der beiden Opfer.

Ins Rollen gebracht hatten den Fall spielende Kinder, die in den Trümmern der Reithalle an der Ostseite des Alaunplatzes ein unheimliches Paket entdeckten: in Zeitungspapier eingewickelte abgeschnittene Damenbeine. Ein winziger grüner Tintenfleck hatte zu jener Lampenfabrik geführt, wo Käthe Stiehler vermisst wurde. Es folgte eine Großrazzia anhand der Personalliste. In Frieda Lehmanns Wohnung fand die Spurensicherung Blutreste an Gardinen und Dielen in Küche und Stube.

Die Schlesierin, Tochter eines Alkoholikers, war als Kind misshandelt worden und völlig abgestumpft, Mitgefühl hatte sie nie kennengelernt. Das Prozessprotokoll vermerkt, dass sie das Fleisch der Toten, wahrscheinlich, um sich aufzuwerten, eingeweckt, an Nachbarn verschenkt und auf dem Markt verkauft

Nach drei Tagen Verhör in der Untersuchungshaft an der Schießgasse war die Mörderin Frieda Lehmann geständig.

habe. Das Motiv: Neid auf Kleidung und Schmuck, Besteck und Lebensmittelmarken, die Frieda Lehmann auf Einladung der befreundeten Kollegin in deren Wohnung aufgefallen waren. Die Tat muss sorgfältig geplant gewesen sein, denn das verwendete Messer hatte die Angeklagte kurz zuvor ihrem ehemaligen Arbeitgeber gestohlen. Sie war fünf Jahre lang als Hausmädchen beim Fleischermeister Hirschfeld in Leubnitz-Neuostra angestellt gewesen. Der hinzugezogene Gerichtsgutachter Oberarzt Dr. Scheit vom Friedrichstädter Krankenhaus hielt eine Alleintäterschaft angesichts der anatomischen Sachkunde beim Töten und Zerlegen für höchst unwahrscheinlich. Die Angeklagte verriet jedoch bis zum Schluss niemanden, nahm auch den spontanen kaltblütigen Kindesmord auf sich. Mit dem Auftauchen des kleinen Augenzeugen hatten sie und der mutmaßliche Mittäter wohl nicht gerechnet.

Das Todesurteil wurde im März 1947 im Hof des Landgerichts, der heutigen Gedenkstätte am Münchner Platz, vollstreckt. Der Scharfrichter waltete seines Amtes mithilfe einer eigens aus Berlin herbeigeschafften Guillotine. Ihr Skelett gab die Hingerichtete zuvor für medizinische Zwecke frei. Es wurde aber zur Abschreckung im Hygiene-Museum ausgestellt und befindet sich seit 1991 im Depot.

Mit leerem Magen

Seit November 1945 verteilte die Stadtverwaltung Gartenland an Interessenten, außer an ehemalige PGs (Parteigenossen der NSDAP). Ein Beispiel von Bestand geben die Bühlauer Waldgärten. 1946 gründete sich der Verein auf dem Gelände eines ehemaligen SS-Truppenübungsplatzes. Die stolzen Pächter der vielen nach dem Krieg angelegten Dresdner Kleingärten bauten zunächst neben Kartoffeln und Mais, Obst und Gemüse gern auch Tabak an – die zweite Währung. Ob als Schrebergärtner oder auf eigene Faust, die ganze Familie half mit, Blätter zu bündeln, zum Trocknen aufzufädeln, anschließend zu schneiden, zu wickeln, zu drehen. Schließlich konnte man mit Zigaretten auf dem Schwarzmarkt Raritäten eintauschen wie Butter oder Bohnenkaffee. Monatlich erhielt man 125 Gramm Ersatzkaffee auf Marken, Butter war bis in die 60er-Jahre rationiert.
Auch in den Gärten der Götte-Schule am Elbhang unterhalb der

Der Zeitschriftentitel „Frösi" war eine Abkürzung der Kinderliedzeile „Fröhlich sein und singen".

Bautzner Straße oder auf den Elbwiesen wurden alle Hände gebraucht und teils zwangsweise rekrutiert. „Neben aller Schwere erlebten wir jedoch den Sommer hindurch eine unbeschwerte, sonnige Zeit", erinnerte sich Autorin Jutta Süß. „Außerdem war es gesund, immer an der frischen Luft zu arbeiten. In den ersten Wochen umsonst, deshalb revanchierten wir uns auf unsere Art, indem wir ab und zu was klauten."

Private Gärtchen legten die hungernden Dresdner nach dem Krieg praktisch auf allen unversiegelten Flächen, am Flussufer, in Kriegsbrachen und Hinterhöfen an. Selbst in Parkanlagen wurde emsig umgegraben, gesät, gepflanzt, gegossen, gejätet und geerntet. Jahrelang gehörten die notdürftig mit zerlegten Bettgestellen umzäunten und nachts bewachten Beete zum Stadtbild.

In jenen schweren Hungerzeiten ernährte man sich eher unfreiwillig vegetarisch. Ein richtiger Braten lag nur zu Ostern, Weihnachten und Familienfesten auf dem Teller. Um wenigstens sonntags etwas Fleisch im Suppentopf zu finden, griff man zur Selbsthilfe. Während die städtische Schafzucht das Weideland rund um die Frauenkirchruine nutzte, rupften Kinder allerorten auf stundenlanger Suche Grünfutter für ihre gehegten, gepflegten, gestreichelten Kaninchen und zimmerten ihnen Boxen für Balkon und Hof.

Bis in die 60er-Jahre hinein werkelten ganze Pionierbrigaden am Nachmittag im Schulgarten oder in Partner-LPGs (Landwirtschaftliche Produktionsgenossenschaften) in Sachen Gemüseanbau, Geflügel- und Kaninchenzucht. So stand denn auch in der Kinderzeitschrift „Frösi": „Kaninchenzüchten, das steht fest, geht nicht nur auf dem Lande./ Ein Pionier hier in der Stadt,/ der Bretter, Draht und Köpfchen hat,/ ist auch dazu imstande."

Überlebt, um Weltstar zu werden

Die bekannteste Dompteuse der DDR wuchs als Uschi Blütchen „am Rande von Dresden“ auf, schrieb ihr Bruder Siegfried später über sie in der Biografie „Kleine Frau bärenstark“. Dabei lag die Mittelstraße 28 mittendrin, nahe dem Wettiner Platz. Gemeint war wohl am Rande des Stadtzentrums. Das kleine Häuschen in der Wilsdruffer Vorstadt um die Jakobi-Kirche stammte aus dem 16. Jahrhundert. Wasser holte man hinterm Haus, der Weg zum Abtritt, wie man die Toilette damals nannte, führte über den Hof. Der Vater hatte sich aus dem Staub gemacht; der ältere Bruder war im Krieg gefallen; die kranke, arbeitslose Mutter drehte jeden Pfennig dreimal um. Von der Standardernährung Margarine-Bemme mit Vierfruchtmarmelade blieb die 1927 geborene Ursel spindeldürr, weshalb sie beim „Containern“ hinter der Großmarkthalle prima durch die Zaunlöcher passte.

Den Umzug über die Elbe 1942 bezeugt das Adressbuch mit dem Eintrag der alleinerziehenden Mutter: „Ella Blütchen, Arbeiterin, Rähnitzgasse 2“. Von dort waren es keine 500 Meter bis zum Zirkus Sarrasani, dessen Luft die inzwischen 15-jährige Ursula, was „kleine Bärin“ bedeutet, nun magisch anzog. Da war es, das Lebensziel einer energischen, resoluten und unglaublich mutigen jungen Dame, die von Klein auf stets das Alphatier der „Jakobi-Bande“ und eine große Tierfreundin gewesen war.

Den 13. Februar 1945 beschrieb sie im Rückblick anhand ihres Kanarienvogels: „Wir saßen mit Hansi im Keller, im Nachbarhaus schlug eine Bombe ein. Als wir rauskrochen, war er weg.“ Vom Zirkus stand nur noch das Skelett, allein im untersten Keller hatte ein Nilpferd überlebt. Außerdem hatte sich ein verstörter exotischer Vogel auf die Ruine des

Narrenhäusels verirrt. Die Schreckensbilder vom Untergang Dresdens standen dem Weltstar Jahrzehnte später in der Gedenkstätte in Hiroshima wieder vor Augen: „Oh, ich hasse den Krieg. Und ich hasse die Menschen, die sich einbilden, sie könnten mit Kriegen Probleme lösen. Wahrscheinlich

Eine echte Weltsensation in Ursula Böttchers Zirkusshow: der Todeskuss.

haben sie nie einen erlebt. Und sie sitzen ja auch immer weit vom Schuss. Da sind die Listen von Opfern immer nur Statistiken."

Ausgebombt zog die gerade volljährige Ursel zurück in die Mittelstraße, wurde Fahrradbotin, Trümmerberäumerin und Putzfrau im Schloss Albrechtsberg für die Sowjetische Militäradministration (SMAD). 1952 erhaschte sie den ersten Zipfel ihres großen Traums: Arbeit im Zirkus Busch – als Reinigungskraft. Ihre Ehe mit dem Dompteur Erich Böttcher verlief im Sande und wurde 1965 geschieden. Die Tochter Maria Angelika wuchs bei der Oma und Verwandten auf. Immer wenn das unstete Wohnwagenleben es zuließ, besuchte Ursula Böttcher ihr Kind. Indessen führte ihre Karriere von einer Störrischer-Esel-Abwurf-Nummer über Dressuren von Löwen, Braunbären und Leoparden steil bis zum Gipfel des Ruhms. Sie wurde die weltweit einzige weibliche Eisbärenbändigerin in der Manege. Die erste Trägerin eines Zirkus-Oscars für Nicht-Artistinnen trat mit bis zu zwölf Polarbären gleichzeitig auf.

Die Krönung bildete stets der legendäre Todeskuss. Dabei fütterte die 1,58-Meter-Blondine den gefährlichen, aber handzahmen weißen 3,40-Meter-Riesen respektgebietend mit einem Stück Fleisch von Mund zu Mund. Es habe widerlich nach Lebertran geschmeckt, gab sie später zu. „Mich vollzusabbern hat Alaska Spaß gemacht. Da hatte er ein Grinsen im Gesicht. Dieser Bär hat sich sowieso wie ein Mensch gefühlt." Einmalig! Spektakulär! Tusch und rasender Applaus. In einem Interview wurde die Devisenbringerin für den DDR-Staatszirkus einmal nach ihrem Gehalt gefragt. „Wollen Sie wirklich wissen, was ich verdiene? Oder wollen Sie wissen, was ich bekomme? Das verrate ich Ihnen lieber nicht. Ich will doch meinen Generaldirektor nicht in der Öffentlichkeit blamieren."

Stehende Ovationen erntete die 72-Jährige vom Dresdner Publikum, als sie 1998 mit dem Zirkus Busch noch einmal zu ihren Wurzeln zurückkehrte.

Im selben Jahr riss die Treuhand ihre eingeschworene Tiergruppe über Nacht ohne Abschied auseinander, verschacherte sie an Zoos und kündigte der gefeierten „Brillant Baroness of the Bears“ mit einem Anderthalbzeiler. Und schließlich gaben Verfechter einer artgerechteren Haltung und Boulevardmedien dieser bärenstarken Person den bitteren Rest. Ihre Raubtiere würden bis zu 37 Jahre alt – dank der tierärztlichen Betreuung deutlich älter als ihre aussterbenden Artgenossen, meinte Ursula Böttcher dazu. „Die werden wir eines Tages nur noch in Zoos sehen können.“ Die letzten Lebensjahre verbrachte die geborene Dresdnerin wieder in ihrer Heimatstadt. Bis zu ihrem Tod 2010 saß sie im Weihnachtszirkus stets in der ersten Reihe.

Dresdens erstes WM-Public-Viewing

Der 4. Juli 1954 war ein besonderer Tag. Im Schaufenster des Hochhauses am Platz der Einheit flimmerte eine Schwarz-Weiß-Mattscheibe. Das begehrte Haushaltsgerät demonstrierte sein Können. Gegen 17 Uhr blieben Leute davor stehen, eine Menschentraube sammelte sich, immer mehr Passanten strömten herbei. Wer konnte sich schon einen eigenen Fernseher leisten? Und wer einen besaß, lud Freunde und Nachbarn zum „Hausfernsehen" ein. Dafür machte man sich schick und brachte etwas zum Knabbern mit.

Zu verdanken war die technische Errungenschaft, die das Freizeitverhalten nachhaltig verändern sollte, einem schillernden Dresdner Erfinder. Manfred von Ardenne (1907–97) wurde im Volksmund auch „der rote Baron" genannt. Auf dem Weißen

Ungarns Torhüter Grocsis ist machtlos gegen den Schuss von Helmut Rahn in der 84. Minute zum 3:2-Sieg im Endspiel.

Hirsch betrieb der Universalgelehrte das größte privatwirtschaftliche Forschungsinstitut des gesamten Ostblocks. Seine Hamburger Eltern waren ein adliger Regierungsrat und eine wohlhabende Patrizierin. Nach dem Vorbild der Großmutter Elisabeth von Plotho schuf Theodor Fontane seine „Effi Briest“. Ihr hochbegabter Enkel meldete seit seinem 16. Lebensjahr rund 600 Patente in Elektronenmikroskopie, Kern-Plasma- und Medizintechnik an. Mit 24 gelang dem Physiker die weltweit erste vollelektronische Fernsehübertragung.
Doch was nun strahlte die Röhre an jenem Sommerabend aus, dass sich zahllose Menschen wie gebannt vorm Schaufenster drängten? Eine Fußball-Live-Übertragung aus der Schweiz. Der Spielstand wurde durchgegeben und lauthals kommentiert. Jubel brandete auf, als die Reporterstimme sich überschlug: „Aus, aus, aus – aus! – Das Spiel ist aus! – Deutschland ist Weltmeister!“ Im Nachhinein wurde das „Wunder von Bern“ gern als die eigentliche Geburtsstunde der BRD bezeichnet. An jenem Abend aber legten die fröhlich Feiernden den Verkehrsknoten komplett lahm. Es war Dresdens erstes WM-Public-Viewing.

Rückkehr der Madonna

Der Zweite Weltkrieg hatte 90 000 Dresdner Wohnungen völlig zerstört, man schätzte die Schuttmasse auf zwölf Millionen Kubikmeter. Rund fünf davon transportierten Trümmerbahnen zu den „Monts Klamott“ im Ostragehege, auf dem Heller und in Dobritz. Manche Schwellen und Gleise liegen heute noch im Boden. Wenn auch erst 1957 als letzte deutsche Großstadt enttrümmert, sah Dresden im Jahr zuvor, zu seinem 750. Gründungsjubiläum, schon recht aufgeräumt aus.

Seit 1955 Fritz Löfflers „Das alte Dresden“ erschienen war, avancierte das Standardwerk zur Bückware oder einem begehrten Geschenk von der Westverwandtschaft, falls vorhanden. Es war sozusagen die Bibel des Dresdner Bildungsbürgertums, das aus dem Mythos der untergegangenen Kunstmetropole einen identitätsbildenden Teil seiner Herkunft bezog. Und dazu gehörte selbstredend die Dresdner Gemäldegalerie. Teile der Sammlung gelten bis heute als verschollen. Abgesehen von Diebstählen hatte die sowjetische Trophäenkommission die allermeisten der wertvollen Bilder als Entschädigung für die Verwüstungen durch die Wehrmacht und Kompensation für eigene Verluste beschlagnahmt. Als die UdSSR dann aber im März jenes Jahres verkündete, den Großteil dieser Beutekunst – die Quellenangaben schwanken zwischen 750 und 1200 Meisterwerken – den Dresdnern zurückzugeben, beschloss die DDR-Regierung unverzüglich den Wiederaufbau der stark beschädigten Sempergalerie. Deren feierliche Teil-Wiedereröffnung legte Balsam auf die wunde Dresdner Seele und bildete den Glanzpunkt des Festjahres.

Dies gab den Auftakt für weitere Neueröffnungen im Stadtkern. Für den Wiederaufbau des Altmarkts im Stil des sozialistischen

Klassizismus hatte Walter Ulbricht 1953 höchstpersönlich den Grundstein gelegt. Dass die Platzproportionen für künftig geplante Aufmärsche vergrößert wurden, begrüßte die Evangelische Landeskirche, weil deren Sakralbau nun sichtbarer ins Zentrum rückte. Das „Haus am Altmarkt“ an der Nordostecke mit Altmarktkeller, Tagescafé, Bar und Konzertcafé lud wieder zum Feiern in die Mitte Dresdens ein. Ein Gleiches taten Mokkastube, Schnellimbiss und Tanzcafé im Neubau des Cafés Prag schräg gegenüber.

Am 24. Juni 1956 startete vom Altmarkt ein drei Kilometer langer Festumzug zum Platz der Einheit. Aufwendig gestaltete Geschichtsbilder zeigten unter anderem August III. mit seinem Kanzler Brühl, der dem König „durch das Auspressen der Bevöl-

Besucher der Gemäldegalerie stehen vor der „Sixtinischen Madonna“ von Raffael.

kerung“ Geld für Gemäldeankäufe beschafft hatte. Ein anderes Motiv stellte August den Starken auf dem Thron dar, „geschoben von der in schwerer Fron arbeitenden Bevölkerung“. Wie Autor Friedrich Reichert berichtete, entzogen sich jedoch die Darsteller des ausgebeuteten Volkes, indem sie einfach nicht erschienen waren.

Erschienen waren freilich all die anderen rund 6000 Mitwirkenden, um das Leben in ihrer Stadt anhand historischer Zäsuren zu veranschaulichen. Auf einem der Wagen stand eine Kopie von Raffaels „Sixtinischer Madonna“, dem „aufopferungsvoll durch die Rote Armee geretteten, großzügigen Geschenk“ im Geiste der „unverbrüchlichen Völkerfreundschaft“. Der DDR-UdSSR-Spielfilm „5 Tage – 5 Nächte“ inszenierte dieses Rollenbild schließlich 1960 mit nachhaltiger Wirkung. So hieß es in einer Broschüre des Stadtmuseums von 1967: „Sofort nach dem Einmarsch der Roten Armee, noch vor dem Abschluß der Kampfhandlungen, begann die Bergung der Dresdner Kunstschätze. Unter Einsatz ihres Lebens sorgten Angehörige eines dafür aufgestellten Bataillons für deren Sicherung und Rettung. Die Dresdner Kunstschätze wurden in sowjetischen Museen vorbildlich gelagert und von sowjetischen Kunsthistorikern und Restauratoren mit großer Sorgfalt gepflegt und somit dem deutschen Volk und der Menschheit bewahrt. Wir haben mit diesen Schätzen die Verpflichtung übernommen, sie für immer vor einem neuen Krieg zu bewahren.“ Bis heute ist russischsprachigen Touristen der Besuch der Sixtina ein tiefes Bedürfnis.

Dankbarkeit für die Hilfe des „großen Bruders“ und stolze Illustration der Aufbauleistungen bestimmten das Bild im zweiten Teil des Jubiläumskorsos von 1956. „Der ganze Betrieb musste dahingehen“, erinnerte sich beispielsweise Dieter Kretzschmar vom VEB Sächsische Sandsteinindustrie.

Ein Weltstar erinnert sich

Dieter Kretzschmar ist ein zu Unrecht in Vergessenheit geratener Dresdner. Aber Hera Linds 500-Seiten-Tatsachenroman „Mit dem Mut zur Liebe“ von 2023 ließ seinen Ruhm noch einmal aufleuchten. Der millionenfach verkaufte Bestseller beruht auf Kretzschmars biografischen Notizen. Im Mittelpunkt steht dessen zweimalige waghalsige Flucht in den Westen im Jahr 1965. Telefoniert man mit dem inzwischen über 80-Jährigen, der abwechselnd in Lugano und Hanau lebt, berichtet er aber ebenso gerne von Erinnerungen an seine Heimatstadt.

Für Dieters Kindheitsgefährten in Dresden-Pieschen stellte die Elbe einen der beliebtesten, weil verbotenen Abenteuerspielplätze dar. „Wir kletterten heimlich an Bord von Jacobs Fähre zum Ostragehege und sprangen unter Drohungen und Flüchen des Fährmanns in der Flussmitte vom Dach.“ Das war gefährlich wegen der heißen Teile der Kohleheizung, wovon die frechen Jungs nichts ahnten. „Wir wetteten, ob es uns gelänge, die tschechischen Zillen zu entern. Wer es ins Beiboot schaffte, war der King.“ Auch an den 17. Juni 1953 erinnert sich Dieter gut, obwohl er erst 13 Jahre alt war. „Alle sind in die Stadt gerannt.“ Gardeoberstleutnant Bogdanow hatte den Ausnahmezustand verhängt. Die damals zehnjährige Elke Hofmann aus der Alaunstraße 61 erinnerte sich, „dass am Neustädter Bahnhof demonstriert wurde und wie Russen auf einem Motorrad mit Seitenwagen auf unseren Hof fuhren, ihre Waffen nachluden und wieder hinausrasten“. Wie im Film erlebte Dieter, „wie die Menschenmassen in Arbeitsklamotten über die Dimitroff-Brücke den sowjetischen Panzern, die von der Köpcke-Straße kamen, entgegenmarschierten und diese schließlich blockierten. Auf dem Neustädter Markt kam es zu Tumulten, Schüsse fielen.“

Das nächste Abenteuer wartete auf Dieter, als die Elbe zugefroren war. Im Winter 1954 fuhr er von der Leisniger Straße mit dem Rad die Fährstrecke übers Eis bis zu seinem Ausbildungsbetrieb an der Bremer Straße, wo er Steinmetz lernte.

Die Liberace Show im Hilton Las Vegas hatte Dieto für das komplette Jahr 1978 gebucht. Sie war immer ausverkauft, galt sie doch als das Nonplusultra für Amerikas Superstars. Hier trafen sich Dieto, Liberace und Elvis Presley auf Augenhöhe in deren „Zuhause“.

Doch das Steineklopfen befriedigte ihn nicht. Ebenso wie seine temperamentvolle Schwester Inge, die in einem Ensemble tanzte, liebte er Bewegung und Musik. Dank der Beziehungen seines Vaters zur Inhaberin der Radebeuler Waffelfabrik an der Carolastraße konnte Dieter Privatstunden am Klavier in der Aula nehmen. Wenn der stets hungrige Heranwachsende dann auf einer Betriebsfeier etwas vorspielte und dazu sang, bekam er neben Trinkgeld auch mal etwas von der Festtafel ab. Das junge Talent stieß bald zum Akkordeonorchester der Reichsbahn dazu, das im Betriebssaal an der Großenhainer in Höhe Liststraße probte und unter anderem im Hygiene-Museum auftrat.
Dieter nahm nun auch an den Proben des Sextetts teil und würzte seine Auftritte gern mit unvermuteten Jongliereinlagen, wofür er stets Szenenapplaus erntete. Mit 16 griff er zur Trompete und wurde ins „Atlantis Tanzorchester" des Konservatoriums aufgenommen. Die Swing-Bigband probte in der Halle des Transformatoren- und Röntgenwerks in Mickten und begleitete eines Tages eine Varieté-Show, in der auch „The Wallastons" im Steinsaal des Hygiene-Museums auftraten. „Ich nahm in der Probe deren Keulen und jonglierte hinterm Vorhang, woraufhin der Chef, Vater Julius Schmidt-Wallaston, mich sofort als Eleven in deren Jongleurnummer einarbeiten wollte. Denn er suchte für ein zweimonatiges Engagement im Berliner Friedrichstadt-Palast eine fünfte Person. Das war meine Lehrzeit." Mit 19 beherrschte Dieto, wie er sich nun nannte, fünf artistische Nummern und erhielt für seine Solo-Jonglage mit fünf Keulen, Hut und Zigarre vor der gestrengen zentralen Einstufungskommission den begehrten Berufsausweis.
Dieto trat unter anderem mit Fred Gigo auf, dem „rasenden Reporter", der Rennfahrer und deren Maschinen parodierte. Der Streckensprecher, die „Stimme vom Sachsenring", kommentier-

te nicht nur, sondern betätigte sich auch selbst als Testfahrer für Škoda, Tatra und Trabant und moderierte eigene Reihen in Rundfunk und Fernsehen. Auch in der Kinderrevue „Titows Mondfahrt“ unter Uli Busch betrat Dieto die Bretter, die die Welt bedeuten. Die wichtigste Dresdner und DDR-weit bekannteste Varieté-Bühne bot ihm das erwähnte Café Prag. Dieses erste und letzte „sozialistische Konzert- und Tanzcafé“ diente vielen Kunstschaffenden in Genres wie Kabarett, Musik, Tanz, Unterhaltung und Artistik als Startrampe steiler Laufbahnen. Die rund 400 Eintrittskarten für die allabendlichen Aufführungen waren heiß begehrt. „In den ausverkauften Vorstellungen saß rund um die Tanzfläche ein internationales Publikum. Ein Dolmetscher ging von Tisch zu Tisch, er trug ein Schild mit den Sprachen, die er beherrschte. Bekannte Conférenciers wie O. F. Weidling führten durch Programme mit Prominenten wie den Vier Brummers oder Susi Schuster, der Jodelkönigin der DDR.“

Mit berühmten Namen wie Günter Hörig oder Frank Schöbel ging es weiter. „Ich durfte in der ‚Jungen Garde‘ neben solchen Stars stehen, weil die Konzert- und Gastspieldirektion junge Talente suchte und ihnen eine gute Bühne gab.“ Eine Weltkarriere begann, die den Comedy-Jongleur der Spitzenklasse schließlich rund um den Globus führte.

Pionierin der natürlichen Geburtshilfe

In der Georgenstraße 4, die in der DDR Otto-Wagner-Straße hieß, eröffnete 1957 eine vermutlich weltweit einzigartige staatliche Klinik für schmerzarme Geburt. Bis 1972 kamen dank dieser Methode mehr als 18 600 Babys in der Regel spontan und gesund zur Welt. Die Gründerin und Leiterin dieser Außenstelle des Krankenhauses Dresden-Neustadt, Ursula Bergander (1912–96), gilt als Pionierin der natürlichen Geburtshilfe.

Die Mutter Elisabeth Titze, Frauenärztin in Meißen, hatte ihrer Tochter 1926 als drittem Mädchen den Zugang zur elitären Fürstenschule St. Afra erstritten. Von 1932 bis 1938 studierte Ursula Titze Medizin. Rückblickend schrieb sie über die damaligen Zwänge und Irrwege: „Mein unmittelbares Denken beherrschte der Gedanke, das Examen gut zu bestehen und anschließend die Chance zu haben, als Ärztin arbeiten zu können. Um Letzteres als Frau zu erreichen, glaubte ich, als Mitglied der NSDAP eine bessere Ausgangsposition zu haben. Und so trat ich – für mich heute unverständlich und unverzeihlich – dieser Partei 1938 bei. Ich glaubte auch, meinen Verlobten von seiner Sorge um seine kommunistische Vergangenheit vielleicht befreien zu können.“

Der Meißner Kunstmaler Rudolf Bergander trat 1940 ebenfalls aus taktischen Erwägungen der NSDAP bei. Das Paar heiratete noch im selben Jahr in dessen erstem Fronturlaub. Neun Monate später kam ein Sohn zur Welt. Nach dem Krieg wechselte der Ehemann in die SED und wurde 1949 an die Dresdner Hochschule für Bildende Künste (HfBK) berufen. Unterdessen qualifizierte sich dessen parteilose, humanistisch gebildete Gattin zur Fachärztin für Gynäkologie und Geburtshilfe.

Im Krankenhaus Friedrichstadt erlebte Ursula Bergander, wie ihre „Patientinnen" auf dem Rücken liegend mit hochgehängten Beinen unter großen Schmerzen entbanden. Diese unwürdige Passivhaltung und furchtsame Verkrampfung hatte die junge Frau auch an sich selbst erfahren. Beim zweiten Sohn 1947 allerdings hatte sie zufällig im warmen Wannenbad gesessen. „Wahrscheinlich ein Versehen der Hebamme – ich verspürte kaum Schmerzen." In ihrer Funktion als Stationsärztin führte die zweifache Mutter nun vertrauensbildende Gespräche und senkte so den Schmerzmittelverbrauch erheblich.

1972 bereitete die Medizinische Akademie angehende Mütter auf die Entbindung mit Gymnastik vor.

Ihren Traum – die in Charkiw, Paris und den USA popularisierte psychoprophylaktische Methode praktisch umzusetzen – erfüllte sich Ursula Bergander mit 45 Jahren. Sie trat in die SED ein, in der „Überzeugung, zu helfen, ein besseres Deutschland als die kapitalistische BRD aufzubauen". Ihr Berufsethos, Menschen unabhängig von ihrer finanziellen Lage zu behandeln, passte in die DDR-Ideologie. Damit war der Weg frei, die Genossin durfte das Entbindungsheim in der Georgenstraße 4 übernehmen. In Vorbereitungskursen wurden durch Entspannungs- und Atemtechniken sowie Wissensvermittlung Ängste ab- und Zuversicht aufgebaut. Untergebracht in kleinen, wohnlichen Zimmern, lenkten sich die werdenden Mütter mit Fernsehen, Stricken oder Rätseln von den Wehen ab. Sie durften sich zudem frei bewegen und arbeiteten in der Austreibungsphase wie gelernt aktiv mit. Ehemänner durften unterstützend dabei sein und ihren Sternstunden beiwohnen. Nur wenige werdende Väter nutzten seinerzeit diese Chance, Geburt galt noch als reine Frauensache. Für ihre bahnbrechenden Erfolge erhielt Dr. Ursula Bergander 1964 den Titel einer Medizinalrätin.

Als die Vorreiterin 1972 in Rente ging, wurde ihr „Experiment" jäh beendet. Fernsehen und Frauenzeitschriften hatten zwar die neue Methode nach sowjetischem Vorbild propagiert, doch in jener Zeit fand sie wenig Anklang. Fokussiert auf den technischen Fortschritt, verließ man sich lieber auf teure Geräte, die sich freilich amortisieren mussten. Lediglich die bergandersche Geburtsvorbereitung mit Atemübungen schaffte es ins Programm einiger Krankenhäuser. Seither ist diese auf ihre Art einmalige Klinik in Vergessenheit geraten. Der Rudolf-Bergander-Ring in Dresden-Reick erinnert an den HfBK-Rektor.

Mensch im Mittelpunkt

Dresden sollte ganz oben mitspielen. Was dem Moskauer seine Lomonossow-Universität im sowjetischen Empirestil oder dem Berliner sein Frankfurter Tor an der Karl-Marx-Allee, das sollte dem Dresdner der erste Kulturhausneubau der DDR werden. Der Palast der sozialistischen Kultur und Lebensfreude sollte das Zentrum des neuen Dresdens prunkvoll bekrönen und klarstellen: Hier steht der Mensch im Mittelpunkt und nicht die Banken wie in Frankfurt am Main. Walter Ulbricht, der sächsische Stalinist an der SED-Spitze, wünschte in der Canaletto-Silhouette eine Höhendominante, die den „historischen Sieg der Arbeiterklasse über den Kapitalismus“ symbolisieren sollte. Anfangs noch als Parteihochhaus geplant, legte Herbert Schneider 1953 einen Entwurf mit einem 124 Meter hohen Turm vor und wurde daraufhin zum Chefarchitekten ernannt.

Aber in jenem Jahr räumte nach Stalins Tod Chruschtschow mit dem „Zuckerbäckerstil“ auf. Während man am Altmarkt weiter sorgsam Stein auf Stein setzte und im barockisierenden Klassizismus solide, großzügige Bauten für die Partei-Elite, Aktivisten der ersten Stunde und kinderreiche Familien errichtete, gab der neue Kreml-Chef längst das industrielle Bauen vor – nach dem Motto: „Schneller, besser, billiger!“ Ein internationaler Architektenwettbewerb in Moskau stand bereits ganz im Zeichen der Zeit, wie Leopold Wiel erkannte. Der Dresdner TU-Professor wagte als Einziger gegen den Willen Ulbrichts einen turmlosen Entwurf im Stil der sozialistischen Moderne.

Inzwischen hatten kluge Köpfe im passiven Widerstand die Planungen so lange hinauszögern können, dass 1959 ein zweiter Wettbewerb stattfand, dem erneut zeitaufwendige Überarbeitungen folgten. Die Ergebnisse stellte drei Jahre später eine

Delegation parteitreuer Genossen an der Moskauer Architekturfakultät vor. Die dortigen Apparatschiks hatten bei hochfliegenden DDR-Bauprojekten ein gewichtiges Wörtchen mitzureden. Die „Freunde" aber enttäuschten die deutschen Genossen. Statt Rückendeckung zu geben, sahen sie in Wiels Variante die einzig mögliche Lösung.

Davon allerdings ließen sich die Betonköpfe zu Hause nicht so leicht überzeugen. Und ohne den Segen der herrschenden Funktionäre ging gar nichts. Bezirksparteichef Werner Krolikowski ließ nun die Kommissionen Bau und Kultur zum stundenlangen Disput über Für und Wider des sächsischen Sonderwegs gegeneinander antreten. Architekt Eberhard Renner vom Kulturausschuss schrieb später, wie auf seine laut geäußerten Zweifel, ob der Wert einer Gesellschaftsordnung überhaupt in Turmmetern zu messen sei, die Gegenseite dies sehr nachdrücklich bejahte. Daraufhin schlug der „kleine König Krolikowski" einen Kompromiss vor. Er erntete wütende Proteste der Turmfraktion,

Hinter dem Kupferdach ragt der Turm der Hofkirche empor und links der Rumpf des Schlossturms.

die beleidigt hinschmeißen wollte. Dies kommentierte TU-Professor Münter seelenruhig so: „Ein hoch favorisierter Wettbewerbsteilnehmer gibt seine Chancen ab, um dem besten Entwurf zur Verwirklichung zu verhelfen. Eine solche Haltung ist völlig neuartig und nur im Sozialismus möglich. Wir werden diesen Tag ins Geschichtsbuch des Sozialismus vermerken müssen." Damit war der Turm überraschend einhellig gekippt.
Da Professor Wiel inzwischen in Berlin lehrte, erhielt Wolfgang Hänsch den Auftrag zur Ausführung und musste der Mangelwirtschaft einiges opfern. Die halbrunde Kuppel mit Planetarium fiel wegen Materialknappheit ebenso weg wie das dritte Geschoss, die transparente Komplettverglasung und die Tribüne für winkende Prominenz bei Aufmärschen auf der extra dafür zur Magistrale verbreiterten Ernst-Thälmann-Straße. Walter Ulbricht bestand laut Autor Reinhard Delau zähneknirschend darauf, dass wenigstens der gefaltete Kupferdachaufsatz allzeit golden glänze. Dafür erwarb man für kostbare Devisen eine britische Spezialbeschichtung, damit die proletarische Siegeskrone nicht gleich grün oxidierte.

Filmreife Kulissen

„Auf meiner Kreuzung leit ich den Verkehr,/ als ob's ein großes Sinfonieorchester wär." Mit dieser Liedstrophe beginnt der Defa-Streifen „Geliebte Weiße Maus", der 1963 mit dem Komiker Rolf Herricht in der Titelrolle republikweit die Kinos eroberte. Während der Filmheld auf der Leinwand den Körnerplatz beherrscht, hat dort im echten Leben nie ein Mensch

Der Schauspieler und Komiker Rolf Herricht 1980.

als Verkehrsregler gestanden. In der Mitte des Platzes befand sich jahrzehntelang eine Laterne mit Straßenschildern und ein kleines Pumpenhäuschen. Eben weil er nicht so stark befahren war und mit den ehrwürdigen Gründerzeitfassaden eine telegene Kulisse darstellte, bevorzugte man seinerzeit den Körnerplatz als idealen Drehort.

Über sein Pendant am gegenüberliegenden Ende des Blauen Wunders hingegen brauste tatsächlich viel Verkehr. Und diesen Brückenkopf überwachte von 1978 bis 1994 Polizeiobermeister Günter Jacob, den der Volksmund nur den „Karajan vom Schillerplatz" nannte. Denn wie klingt es doch so schön aus Herrichts Mund im Film: „Auf meiner Kreuzung, wo jedermann mich kennt,/ fühl ich mich wie ein Dirigent." Mit wachsamen Augen unter tief sitzender Uniformmütze dirigierte die „geliebte weiße Maus" Jacob elegant mit dem schwarz-weißen Taktstock das Kreuzungschaos. Seinem „Orchester" drohte er hier mit dem Zeigefinger, nickte ihm dort mit freundlicher Nachsicht zu und sorgte mit gellender Trillerpfeife für die Einhaltung von Paragraf eins: Vorsicht und gegenseitige Rücksichtnahme. „Es sah aus wie eine Choreografie, wie er den Stab am Handgelenk wirbeln ließ, in die Höhe stach, sich wie ein Pirouettentänzer drehte und mit der anderen Hand winkte, zeigte, stoppte …", beschreibt es Kathrin Iserhagen. „Dadurch begriff ich, dass auch Polizisten Menschen sind. Wo sein Podest stand, hinterließ er eine entseelte Fehlstelle."

Dresdner Spitznamen

Der „Käseglocke“ auf dem Postplatz gaben die Dresdner ihren Spitznamen wegen der anfangs bespöttelten architektonischen Form. Sie wurde 1928 als offenes Wartehäuschen errichtet und die Dresdner rümpften ihre Nasen über den Geruch der Toilette im Keller. Wie durch ein Wunder überstand sie die Bombennacht vom 13. Februar 1945 als eines der ganz wenigen Bauwerke in der Altstadt ohne Schäden. Heute beherbergt sie ein gleichnamiges Lokal.
Ein ganz ähnliches Pendant eröffnete ebenfalls 1928 am Albertplatz. Im genauso als „Käseglocke“ betitelten Pavillon betrieben die Verkehrsbetriebe seit 1997 einen Fahrscheinverkauf. Auf der Jagd nach Auszubildenden und Arbeitskräften wandelten sie diesen „Servicepunkt“ aktuell in einen „Karrierepunkt“ um. Käse gibt es nach wie vor weder da noch dort zu kaufen.
Bleiben wir bei den kulinarischen Spitznamen, so muss der größte Gaststättenkomplex der DDR „Am Zwinger“ erwähnt werden, weil er im Volksmund schlicht „Fresswürfel“ hieß. Oder die 1961 errichtete Schnellgaststätte „pick-nick“ an der Grunaer Straße, die bis zu ihrem Abriss 2022 den Spitznamen „Dreckscher Löffel“ trug. Die unterste Preisstufe zog Bedürftige an. Angeblich waren wegen der Diebstahlgefahr selbst die billigen, biegbaren Aluminiumlöffel am Tisch angekettet. Über Besteck machten sich die Dresdner gern lustig. An der Gewandhausstraße hatte im selben Jahr das „Menü“ eröffnet. Über dem Eingang warben Messer und Gabel für Dresdens erstes Nichtraucherlokal. Allerdings hatte es bald seinen Namen „Zum Linkshänder“ weg, weil sich die Gabel rechts vom Messer befand. Als wäre die berühmte Altstadtkulisse des Canaletto-Blicks eine Festtafel, nennen die Einheimischen die Glaskuppel über dem Malsaal der Kunstakademie gern „Zitronenpresse“. Und gleich daneben

heißt die Frauenkirche im Volksmund „Kaffeewärmer“. Die steinerne Glocke dieses berühmten Dresdner Wahrzeichens wird auch gern als „Dickmadam“ bezeichnet.
Nicht weniger respektlos verfuhren die Sachsen mit ihren Herrschern. Auf dem weltgrößten „Familien-Selfie“ aus Meissener Porzellankacheln, dem Fürstenzug an der Augustusstraße, ist das Geschlecht der Wettiner abgebildet, genauer dessen männliche Regenten. Obgleich Beinamen wie Dedo der Einäugige oder Albrecht der Entartete nicht zu finden sind, so liest man doch von einem Friedrich, er sei „der Gebissene“ gewesen. Der Sage nach hat seine Mutter Margaretha von Staufen ihn im Abschiedsschmerz in die Wange gebissen. Anlass war der Ehebruch ihres Gatten, des besagten Entarteten, mit ihrem Hoffräulein Kunigunde von Eisenberg. Margaretha floh vor dessen Mordplänen 1270 von der Eisenacher Wartburg und starb sechs Wochen später in Frankfurt.

Käse gibt es zwar nicht in der „Käseglocke“ am Postplatz, aber beliebt ist das Lokal in der ehemaligen Wartehalle allemal.

Heraus zum 1. Mai!

Der Erste Mai war arbeitsfrei. Nichtsdestotrotz wurde am Feiertag erwartet und kontrolliert, dass die Werktätigen an ihrem Kampftag „freiwillig“ an den von Betrieb und Schule straff organisierten Demonstrationen teilnahmen. „Wir Chilenen marschierten meist, weil es uns Spaß machte“, schreibt Autorin Fresia Barrientos. Die Exil-Chilenin wohnte in den 70er-Jahren mit Mann und Tochter im Studentenwohnheim an der Leningrader Straße. „Es war ein Grund zum Feiern und zur Erinnerung an die politischen Demonstrationen in Chile. Lange musste man am Postplatz warten, bis es losging. Unterdessen ließen wir uns eine Bock- bzw. Bratwurst mit Senf schmecken. Das war schon Tradition geworden.“

Im Kontrast zum müden Unmut der meisten Umstehenden bewunderte die Migrantin den ostdeutschen Lebensstandard: „In der Praxis gab es in der DDR keine Arbeitslosigkeit, die Bildung wurde in allen Stufen vom Staat jedem kostenfrei gewährt, jedoch mit M/L-Doktrinierung. Auch die ärztliche Betreuung war kostenlos. Ich habe nicht eine DDR-Mark bezahlt und staunte, als ich sogar die Medikamente umsonst bekam. Wie war das alles möglich?“

Die neue Aufmarschmeile führte auf der dafür verbreiterten Ernst-Thälmann-Straße an der Altmarkt-Tribüne vorbei. Den dort stehenden und stundenlang winkenden Obersten durfte das vorbeidefilierende Fußvolk zujubeln. Am Pirnaischen Platz endete die Ost-West-Magistrale am markanten 48-Meter-Wohnhaus im Internationalen Stil nach Plänen des Architekten Peter Sniegon. Der Name „Pirnaisches Tor“ erinnert an die alte Stadtbefestigung und war Programm, sollte doch ursprünglich die Grunaer Straße unter dem schweren Vertikalblock zwischen leichtfüßig wirkenden Stützen hindurchführen. In der Ausführung übernahm nur noch der Flachtrakt über dem Fußweg diese symbolische Funktion. In dem 14-Geschosser wohnten in 60 fernbeheizten Ein-Raum- und 120 Anderthalb-Zimmer-Wohnungen zumeist Mitarbeiter der Volkseigenen Betriebe (VEB) Sachsenwerk und Mikromat, Mühlenbau und Hochvakuum. Im Gegenzug für den Luxus von Duschkabine, Kochnische und Einbaumöbeln erfüllten die Mieter der begehrten Adresse am 1. Mai die Auflage, ihre Fenster zu beflaggen.

Seit 1968 verkündeten unter der Dachkante des exponierten Point de Vue weithin sichtbar rote Leuchtbuchstaben: „Der Sozialismus siegt“. Auf Sächsisch klang das wie: „Dor Sozschalismus siecht.“ Auch nach Abnahme der unbesieglichen Inschrift war sie an den vor Verwitterung geschützt gewesenen Stellen an der Wand bis weit in die Nachwendezeit hinein ablesbar.

Verschwunden war sie bereits im März 1987. In einer Nacht- und Nebelaktion wurden die Lettern von hinten demontiert, bei

Zu Fuß ließ sich der Pirnaische Platz ab 1971 nur unterirdisch überqueren, von Barrierefreiheit für Kinderwagen oder Rollstühle war noch keine Rede.

Sonnenaufgang hing „Der So“, bis letztlich gerade noch „D“ zu lesen war. Der Dresdner Schriftsteller Michael Wüstefeld dichtete: „Der Inhalt einer Losung bewahrheitet sich dann, wenn er sich bei ihrem Abbau zuspitzt.“

In der HO-Großgaststätte befanden sich ein Selbstbedienungslokal „Gastronom“, eine Mokkastube, ein Terrassencafé und nicht zuletzt das beliebte „Gastmahl des Meeres“, die erste Fischgrillbar der DDR. „Nach dem Marsch standen Alberto, Vivi und ich oft über eine Stunde lang Schlange an der einzigen Gaststätte in Dresden, wo man anständigen Fisch bekam“, beschrieb Fresia Barrientos den Höhepunkt des Feiertages. „Rotbarsch war der einzige Fisch im DDR-Sortiment, dessen Geschmack eine gewisse Ähnlichkeit mit chilenischen Fischsorten aufwies.“ Nach der üblichen Wartezeit von 45 Minuten setzte die Kellnerin die Teller auf den Tisch. „Alles ein bisschen fade, aber wir genossen das Gericht und den Familienmoment.“

1971 gewann der Verkehr auf der Kreuzung die Oberhand über die zwar im Mittelpunkt, ihm aber im Weg stehenden Menschen. Im Zuge des Ausbaus der Leningrader Straße verbannte man die sozialistische Persönlichkeit in den Fußgängertunnel. Dieser besaß fünf Zugänge an der Westseite des Pirnaischen Platzes und zwei von der Grunaer Straße aus. Nachdem es 2006 darin gebrannt hatte, wurde der Tunnel gesperrt und 2010 verfüllt.

Spektakulärer Kunstraub

1962 begann der Umbau Dresdens zur „modernen sozialistischen Großstadt". Diese Neuprofilierung des Zentrums brach rigoros mit den gewachsenen Stadtstrukturen. „Fischelant", wie der Sachse seit jeher ist, gelang es Architekten und Planern zuweilen, eines der historischen Gebäude vor der herrschenden Abrisswut zu bewahren. Durch geschicktes Argumentieren für Zwischen- oder Umnutzungen konnten sie beispielsweise das Johanneum als Verkehrsmuseum oder das Georgentor retten und restaurieren. Letzteres diente der Baustellenleitung für den Kulturpalast.

Das Tauziehen um die Erhaltung der Sophienkirche aber gewann Walter Ulbricht. Der mächtigste Mann im Staat schmetterte die Idee des Architekten Günter Gruner, Teile der historischen Gemäuer in die geplante Großgaststätte „Am Zwinger" zu integrieren, kurzerhand ab. Der Schlag gegen die Religion, laut Marx „Opium fürs Volk", traf das Bauwerk. Trotz aller Proteste fiel am 1. Mai 1963 der älteste gotische Sakralbau Dresdens, die aus dem Franziskanerkloster hervorgegangene evangelische Hofkirche.

Bei den folgenden Aushubarbeiten im Oktober 1964 zerschnitten Baggerschaufeln ohne Rücksicht auf die bestatteten Toten ganze Sargdeckel. Vier Tage dauerte es und kostete zahlreiche Grüfte und deren Inhalt, bis das Landesamt für Denkmalpflege diesem rabiaten, ignoranten Wüten Einhalt gebieten konnte. Wertvolle Grabbeigaben des Wettiner Adels und der reichen Dresdner Oberschicht gingen unwiederbringlich verloren. Aus den verbliebenen etwa 70 Grabkammern gelangten in einer Notbergung hochkarätige Ringe, Münzen, Gefäße, Ketten, Armbänder und Anhänger ins Stadtmuseum.

Stolz präsentierte es anlässlich seiner Wiedereröffnung 1966 diese Funde. Weitere Kostbarkeiten kamen 1967 aus anderen bei einer Kabelverlegung versehrten Grüften hinzu. Zusammen mit den Kleinodien, die noch aus der Restaurierungsphase von 1910 stammten, umfasste nun der sogenannte Sophienschatz 57 Schmuckgegenstände, darunter die Königskette der Privilegierten Bogenschützen-Gesellschaft. Und darauf hatte es der spektakulärste Kunstraub, der je in der DDR öffentlich geworden ist, abgesehen.

Ähnlich wie beim Remmo-Einbruch ins Grüne Gewölbe 2019 hatte man bereits 1977 schlicht nicht mit derartiger Dreistigkeit gerechnet. Während der Öffnungszeit begingen drei Männer mittleren Alters den Diebstahl. Mit einem langen Gegenstand drehten sie die Überwachungskamera weg, die sich in drei Metern Höhe im Treppenhaus der vierten Etage befand. Das lächerlich unsichere Schloss der Panzerglasvitrine wurde blitzschnell geknackt und gezielt wanderten die wertvollsten Stücke in Jacken- und Hosentaschen. Unauffällig im Besucherstrom untertauchend, spazierten sie unerkannt wieder hinaus. Die Täter wurden nie gefasst, der Fall ist inzwischen verjährt.

Anfangs beschäftigte der dreiste Diebstahl eine Soko aus 55 Kriminalisten und füllte am Ende 30 Aktenordner. Phantomzeichnungen und ein Fahndungskatalog entstanden. Diesen reichte die Polizei sogar an dpa und Reuters weiter, denn in der DDR war ein solch bekannter Schatz unverkäuflich. Die Beamten führten rund 3400 Vernehmungen, ermittelten zwölf Verdächtige und baten ausnahmsweise sogar in Presse und Fernsehen die Bevölkerung um Mithilfe. Im „Operativvorgang Vitrine“ übernahm das Ministerium für Staatssicherheit jedoch bald die Unterlagen. Nun ermittelte die Stasi akribisch selbst, vernahm rund 4000 Personen, machte die wichtigsten Zeugen zu IMs und schloss die „Geheimakte Sophienschatz“ erstaunlicherweise bereits zu Weihnachten ergebnislos als „Cold Case“.

Dem Verdacht der Regierungskriminalität gingen Birgit Tanner und Carsten Gutschmidt für die ZDF-Sendung „Terra X" nach und brachten 2009 neue Details ans Licht: Der für die Monitorüberwachung Verantwortliche hatte sich zur Tatzeit nicht im Raum aufgehalten. Die Aufsichtskraft Axel Weltz war just für diesen Tag zum Wehrkreiskommando nach Karl-Marx-Stadt zi-

Das Stadtmuseum bewahrt wieder den nun gut gesicherten Sophienschatz auf.

tiert worden. Schließlich präsentierten die Journalisten den einzigen Kronzeugen Helmut Dohnke per Tonbandprotokoll: „Die DDR hat im Zusammenhang mit dem Kunsthandel von Ost nach West so einiges gemacht. Dieser Schatz wurde ja unter eigenartigen Umständen geraubt. Dieser Raub war organisiert." Dohnke war damals Kunsthistoriker im Staatsdienst gewesen und führte nach der Wende eine Galerie in Potsdam. Wegen Kunstfälschungen wurde er 2001 zu drei Jahren Haft verurteilt. Der Verteidiger war allerdings überzeugt, sein Mandant wäre ein „Bauernopfer, geschlachtet auf dem Altar der Kunstmafia".

Schwer krank packte Dohnke wenige Tage vor seinem Tod aus: „Der Chef dieser Sache war Mielke. Ein Sonderdezernat unterstand ihm direkt. Er hat entschieden und seinen Mann, der für ihn unmittelbar arbeitete, beauftragt, es zu realisieren. Ja, und dann der Kunsthandel: Der Jochen Farken, der Axel Hilpert und diese Leute, die vertraulich für Mielke arbeiteten, haben die Dinge verkauft." Farken war als Generaldirektor der Kunst und Antiquitäten GmbH (KuA) und IM „Hans Borau" bekannt. 2008 lebte der einstige Devisenbeschaffer den Recherchen zufolge irgendwo in Australien. Hilpert hatte als Einkäufer für die KuA und IM „Monika" gearbeitet. Zur Zeit der Filmaufnahmen besaß er ein Hotel bei Berlin und hüllte sich in Schweigen. Als Schlüsselfigur indes bezeichnete Dohnke einen renommierten Kunst- und Antiquitätenhändler aus Dänemark. „Arne Jakob Becker spielte da eine Hauptrolle. Er hat erklärt, dass man es gut verkaufen könne. Er war offizieller Mitarbeiter des Kunsthandels der DDR und einer der großen Schieber, der wichtige Ware nach Westen verbrachte."

Den entscheidenden Hinweis zum Verbleib des Sophienschatzes lieferte 1999 Dr. Hubert Lanz, ein Münchner Münzhändler. Er informierte den Direktor des Dresdner Stadtmuseums Matz

Griebel darüber, was ihm auf einer Osloer Antiquitätenmesse aufgefallen war. „So wie die Stücke beschrieben waren, konnte ich aus den Akten, wo Signaturen und Jahreszahlen im Katalog stehen, eindeutig rückschließen", erzählte Griebel. Er schaltete das Landeskriminalamt (LKA) ein und traf dort auf dieselben Beamten, die schon 1977 involviert gewesen waren. Der Dezernatsleiter für Sonderaufgaben im LKA aber war eben jener Chefermittler von damals, Jürgen Oelsner. Und wieder stand der erfolgsverwöhnte, gewissenhafte Mann vor dem einzigen ungelösten Fall in seiner Laufbahn. „Das ist wie ein Nadelstich, es tut weh." Nur ein einzelnes Stück war bislang zurückgekehrt. Das Londoner Auktionshaus Christie's hatte einen Anhänger der Schützenkette versteigert. Ein Päckchen mit dieser goldenen Klippe hatte der Kölner Generalstaatsanwalt 1986 anonym aus der Schweiz erhalten. Anhand der westdeutschen Ermittlungsakten ließ sich der Weg bis nach Kent zum anglikanischen Bischof rückverfolgen. Dann verlor sich die Spur.

„Mit Sicherheit musste sich auch der Rest im internationalen Kunsthandel befinden", glaubte Oelsner und besuchte mithilfe der norwegischen Polizei den „Numisma Mynthandel" in der Osloer Prinsens Gate. Der überraschte Besitzer Gunnar Thesen holte mehrere dunkle Etui-Kästen aus dem Tresor. Den Triumph beschrieb Oelsner so: „Die stellvertretende Museumsleiterin Dr. Sieglinde Richter-Nickel hat aufgeschrien und geseufzt: Das gehört uns! Und ich musste es erst begreifen: Das ist das Diebesgut, dass du vor 22 Jahren schon hättest haben wollen." Thesen hatte die 38 Pretiosen knapp vier Jahre nach dem Raub von Arne Jakob Becker erworben, der längst gestorben war. 2005 kaufte Dresden die Schätze zurück. Bis heute fehlen die 1,3 Kilogramm schwere goldene Königskette, einer ihrer Anhänger und 14 weitere Stücke aus den Grüften der Sophienkirche.

Erste illegale Demo

In den ersten Nachkriegsjahren hatte die SMAD noch verboten, den 13. Februar als Trauertag zu begehen, um Tendenzen gegen die Alliierten zu vermeiden. Mit Beginn des Kalten Krieges allerdings wendete sich das Blatt. Man sprach von amerikanischen Luftpiraten. Der Anblick der steil aufragenden Mauerstümpfe der Frauenkirche löste unter Touristen zuverlässig ein ergriffenes Schaudern aus. Zwecks Erhaltung des Trümmerbergs, den Verkehrsplaner am liebsten für Parkplätze planiert hätten, ließ der pfiffige Denkmalpfleger Hans Nadler Rosen anpflanzen, sodass die symbolträchtige Ruine schließlich 1966 offiziell zum Mahnmal erklärt und Bestandteil jeder Stadtführung wurde. Seither fanden davor an jedem 13. Februar staatlich inszenierte Gedenkveranstaltungen statt.

Genau darum zogen genau dorthin 1982 rund tausend kritische junge Christen in einer ebenso stillen wie illegalen ersten Gedenkdemonstration gegen die zunehmende Militarisierung der Gesellschaft. Der Schweigemarsch entstand aus dem Friedensforum in der mit 5000 Menschen überfüllten Kreuzkirche. In dem spontanen Aufruf hieß es: „Lasst Euch von der Polizei nicht provozieren. Bringt Kerzen und Blumen mit. Dann singen wir ‚We shall overcome‘ und gehen nach Hause."

Es war die Zeit von Martin Luther King, die DDR-Plattenfirma Amiga brachte Lieder von Joan Baez und Pete Seeger heraus. Es war die Zeit, als die staatliche Politik verkündete, der Frieden müsse bewaffnet sein. Es war die Zeit, als Pazifisten unter dem Dach der Kirche in der Bewegung „Schwerter zu Pflugscharen" zusammenfanden. In den Folgejahren schlossen sich immer mehr Andersdenkende und Bürgerbewegte an, um stumm mit der Kerze in der Hand am Tag der Zerstörung

Dresdens ein Zeichen zu setzen und um in der Vielfalt einer wachsenden Menge Gleichgesinnter aufzutanken.
Ein Dorn im wachsamen Stasi-Auge, wie Tänzerin und Choreografin Hanne Wandtke am eigenen Leibe erfuhr. „An jenem bitterkalten Sonnabend, dem 13. Februar 1988, kam ich gegen 14 Uhr nach Hause und parkte vorm Haus. Neben mir saß einer im Trabbi mit Gesicht zu meinem Wohnungsfenster, schaute aber nicht zu mir rüber", erzählte die Dresdnerin, Jahrgang 1939. „Seit zwei Stunden sitze der da, be-

Vor der Kreuzkirche erinnert ein Gedenkstein an den 13. Februar 1982.

grüßten mich Micha und Jury. Na, wir kochten uns etwas und schnitten ihm am Fenster Grimassen. Er ging weg, kam zurück, saß wieder da und glotzte bis zum Abend. Ich mach mich schick, wippe raus ans Autofenster. Er kurbelt runter und ich stecke mit scheißfreundlichem Grinsen meinen Kopf hinein. Fünf Zentimeter vor seiner Nase bitte ich ihn zum Essen: ‚Kommen Sie doch rein, bei uns gibt's Erbsen, Möhren und Kartoffeln, es ist auch ein Stückchen Fleisch dabei.' Verunsichert stotterte er: ‚Danke, ich hab was dabei' und zeigte auf seinen Proviantbeutel. ‚Sicher müssen Sie nach so vielen Stunden mal zur Toilette – sie ist bei uns sauber! Auch könnten Sie vor Ort besser einschätzen, wie wir sind und leben. Wie lange müssen Sie denn noch sitzen – Frau und Kinder werden doch warten – bei der Kälte?' – ‚Das

Noch bis Anfang der 90er-Jahre setzte die Ruine der Frauenkirche mitten in der Dresdner Innenstadt ein mahnendes Zeichen gegen Kriegstreiberei.

kommt darauf an.‘ – ‚Worauf?‘ Schweigen. ‚Ich kann nur sagen, dass wir heute zur Frauenkirche gehen und wie viele andere auch seit Jahren an diesem Gedenktag unsere Kerzen an der Ruine anzünden. Sie könnten mitkommen, man trifft sich.‘ – ‚Danke, das geht nicht.‘ Als wir losgingen, saß er noch immer im Trabbi und fror. Wir winkten ihm zu – gesenkter Kopf, keine Reaktion. Als wir zurückkamen, war er verschwunden.“

In ihrer Stasi-Akte las die Professorin später: „Tänzerin unterhält aktive Verbindung zu Personen der politischen Untergrundtätigkeit (PUT), in ihrer Wohnung erfolgen Kontakte. Ziel: Zersetzung der von PUT angefallenen Kreise.“ Zu diesem Zweck hatte die Stasi alle Register der Operativen Personenkontrolle (OPK) gezogen. „In meiner Wohnung waren Wanzen installiert, das Telefon wurde abgehört, die Post kontrolliert, mein Terminkalender oftmals für mehrere Tage entwendet. Es ist schon merkwürdig, im Nachhinein zu erfahren, wer da alles dabei war. Die jungen Leute wollten raus aus dem Grau. Mir aber ging es gut an meiner Palucca-Schule. Wir Künstler konnten mit Ironie und Sarkasmus das System durch den Kakao ziehen. Mir hat es Spaß gemacht, Metaphern zu finden und damit zu arbeiten.“

Tristesse bunt gefeiert

Wenn Grau die Summe aller Farben ist, dann war das verfallene, abrissgefährdete Gründerzeitgebiet Äußere Neustadt in den letzten Jahren der DDR bunt. Wie bunt, erzählte Hanne Wandtke im Rückblick spitzbübisch lächelnd. Im Erdgeschosslokal ihres Wohnhauses am Martin-Luther-Platz hing bis zum Betreiberwechsel noch ihr Porträt. Die Professorin für Tanz hatte in dem heutigen Gastraum bis zur Sanierung gewohnt. „Wir waren eine richtige Boheme-Clique", beschrieb Hanne Wandtke ihren Stasiüberwachten Freundeskreis. „Wir organisierten 1985 ein erstes privates Luther-Platz-Fest. Wir stellten Badewannen zum Planschen für die Kinder raus und sind zu zwölft auf dem Trabi von Orgelbauer Christian Wegscheider Kreise um die Kirche gefahren. Wir hatten unsere Gaudi, das half zu überleben. Es hat höllischen Spaß gemacht, den muffligen Wachtmeister an der Nase herumzuführen." Offiziell hieß dieser Abschnittsbevollmächtigter (ABV) und fuhr auf seinem Moped Streife um den Block.
„Ruinen schaffen ohne Waffen", spottete der Volksmund zu DDR-Zeiten bitter über den Verfall der Dresdner Altbaugebiete. In jener Atmosphäre morbiden Charmes eroberten sich junge Leute so manchen Leerstand. Aus dem Mangel heraus wurde Improvisieren zum Kult: selber reparieren, basteln, schneidern, färben, keltern war angesagt. Die Szene schlief auf Matratzen am Boden, besaß weder Wanne noch Waschmaschine und fühlte sich geborgen im Freundeskreis, der einen unkonventionellen Lebensstil pflegte. In den heruntergekommenen Häusern wohnten überdurchschnittlich viele Studierende und Kreative, Künstler und Intellektuelle. Man feierte gemeinsam gegen die Depression des umgebenden Ruins an, so schon 1982 mit den „Alternativen Hoffestspielen" in der Böhmischen Straße 26.

„In der Neustadt war eigentlich jahrelang immer Party angesagt", meinte ein Bewohner rückblickend. „Weil die Möglichkeiten fehlten, hat man versucht, sich selbst welche zu schaffen. Das spielte sich alles in Privatwohnungen ab. Wenn man sich auskannte, war es kein Problem, jede Nacht woanders hinzurennen."

Rund um die Martin-Luther-Kirche fand bereits in den 80er-Jahren ein ungenehmigtes Fest subversiver junger Leute statt. Heute feiert man im Juni den Bunten Sommer Neustadt.

In Hanne Wandtkes Haus betrieb die Freundin und Nachbarin Wanda Reichardt ihre Galerie „autogen“ in der Wohnung. „Zu einer Vernissage der Malerin Gudrun Trendafilov spannte ich Wäscheleinen über die Straße“, erzählte die Choreografin, „und performte ‚elegant‘ zu klassischer Musik, hängte Obst und Gemüse auf. Ein Zuschauer murmelte: ‚Wo hat die plötzlich solche Brüste her?‘ Da holte ich die Pfirsiche aus dem selbst genähten Kostüm heraus.“
Die Wende spülte schließlich Immobilienhaie an. Hanne Wandtke erinnerte sich an einen Wildost-Investor der ersten Stunde. „Der hatte hier mehrere Häuser gekauft und alle Mieter rausgeschmissen. An den Fassaden stand: ‚Das Schwein hat einen Namen: P.‘“ Anderthalb Jahre lang lebte die Professorin quasi auf der Baustelle, oft ohne Strom und Wasser. „Nachts stiegen manchmal Leute übers Gerüst ein, aber bei mir war nix zu holen. Ich war mit Katze Bagira die letzte Verbliebene im Haus.“ Doch auch von Eigentümern mit Herz konnte Hanne Wandtke berichten. „Eines Tages stand das neue Besitzerehepaar vor meiner Tür. Sie hatten Geld geerbt und waren im Katalog auf die Adresse gestoßen. Sie versprachen, ich könne bleiben, und kamen mir mit der Miete entgegen.“

Siegreiches Heimspiel

An einem Mittwoch, dank Internetrecherche weiß man, dass es der 6. März 1985 war, trat Dynamo Dresden im Viertelfinale des Europacups der Pokalsieger gegen Rapid Wien an. Es war Ulrikes (Name geändert) erster und einziger Besuch des Rudolf-Harbig-Stadions, Fußball hat sie noch nie interessiert. Im Auftrag von Jugendtourist hatte sie einen Bus der österreichischen Fans an der Grenze in Altenberg abgeholt und nach dem Spiel wieder dorthin zurückgebracht, denn westliche Touristengruppen durften nicht unbegleitet in der DDR umherreisen.

Immerhin fand Ulrike es komfortabel, in einem West-Bus an die streng abgesperrte Rückseite des Stadions heranzufahren, sich bequem im nur locker besetzten „feindlichen“ Block zurückzulehnen, während das restliche Rund aus allen Nähten platzte. Bis zu 36 000 Menschen passten hinein, was sie auch taten, als Dynamo noch in der Oberliga spielte. In den folgenden zwei Stunden bemerkte die Begleiterin weder, wie Bernd Jakubowski, Dixie Dörner oder Reinhard Häfner sich ins Zeug legten, noch wie Andreas Trautmann das erste Tor, Ralf Minge das zweite und in der 82. Minute Ulf Kirsten das 3:0 schoss.

Der österreichische Reiseleiter, der sich offenbar ebenso brennend für das Duell Otto Baric gegen Klaus Sammer interessierte, überbrückte die Zeit mit Smalltalk und suchte nach Gemeinsamkeiten: „Österreich und Wien waren bis 1955 auch in vier Zonen aufgeteilt wie Deutschland und Berlin.“ Davon hatte die junge Dresdnerin bis dato noch nie gehört, also sprach er weiter: In Wien hatte die Rote Armee im August 1945 einen zwölf Meter großen und 15 Tonnen schweren Bronzesoldaten enthüllt. In Erinnerung an die Einnahme der Hauptstadt posiert er samt Fahne und niedergelegter Waffe auf einem 20 Meter hohen So-

Im K-Block des Stadions von Dynamo Dresden zeigen die Fans Flagge für ihre Lieblingsmannschaft.

ckel. Das kolossale Prestigeobjekt sollte den Westalliierten bei ihrem Einzug die Organisations- und Leistungsfähigkeit der Sowjetunion vor Augen führen. Und es ehrt wie in Berlin und Dresden deren 20 Millionen Kriegsgefallene.

Der Volksmund aber nenne die monumentale Standfigur vor der halbkreisförmigen Säulenkolonnade „Denkmal des Unbekannten Plünderers", erzählte der Reiseleiter weiter. Auch dies eine Parallele zu Dresden: Von mehreren Golduhren an den Armen von Vergewaltigern hatten Zeitzeuginnen der wissbegierigen Ulrike berichtet. Als Hobbyhistorikerin hatte sie von Deutschen gehört, die sich aus Furcht vor der Roten Armee erhängten, weil die Göbbels-Propaganda heftige Ängste vor „bolschewistischen Horden" und „Untermenschen" geschürt hatte. Neu aber war der Jugendtouristlerin, dass man im „bösen" kapitalistischen Ausland auch die andere Seite der Sowjets wahrnahm. Der ins Plaudern geratene Wiener schwärmte von Lebensmittelverteilungen an die hungernde Bevölkerung, lukrativen Tauschgeschäften unter der Hand und fulminanten Gesangs- und Tanzensemble-Auftritten … Wieso aber zogen alle vier Besatzungsmächte zehn Jahre später einfach so ab? Galten plötzlich alle Österreicher als Opfer ihres Landsmanns? Die Antwort ging im heranbrausenden Siegestaumel für Dynamo unter.

Statt dass die Rapid-Fans ihre Wut an allem sich in den Weg Stellenden ausließen, stiegen die mit hängenden Köpfen brav wieder in ihren Bus. Auf der gesamten Rückfahrt schmetterten sie ein fröhliches Schmählied nach dem anderen auf die eigene Mannschaft. Die ließ übrigens die Schlappe nicht auf sich sitzen. Im Rückspiel stand es nach einer Viertelstunde bereits 2:0, woraufhin mehr und mehr Zuschauer ins anfangs fast leere Wiener Stadion strömten und schließlich einen 5:0-Sieg bejubelten.

Nach der Wende erfuhr Ulrike, dass mit dem Ende der Sowjetunion in Wien – ähnlich wie in Dresden nach Beginn des Ukraine-Kriegs – Debatten über den Umgang mit dem „Schandfleck" auf dem Schwarzenbergplatz aufflammten. Rasch verstummten sie jedoch wieder. Österreich ist zu Erhaltung und Schutz des Denkmals per Staatsvertrag von 1955 völkerrechtlich verpflichtet. Putin erinnerte noch 2020 an den „Beitrag der Sowjetunion zur damaligen Befreiung Europas" und betonte die symbolische Bedeutung der bitte respektvoll zu behandelnden Gedenkstätten auch für das postkommunistische Russland.

„Sollten die doch selbst zurücktreten"

Die Geschichte der Friedlichen Revolution ist oft erzählt worden. Tafeln an ihrem Weg erinnern heute in Dresden daran, wie und wo die Demonstrationen unter dem Motto „Wir sind das Volk“ begannen. Man kann nachlesen, wie Frank Richter und Andreas Leuschner am 8. Oktober 1989 auf der Prager Straße eine drohende Eskalation abwendeten. Die warnenden Bilder vom Tian’anmen-Massaker im Juni liefen in der „Aktuellen Kamera“ und verbreiteten eine Stimmung der Angst. Die beiden Christen aber hatten es an jenem Sonntagabend geschafft, der brenzligen Situation die Spitze zu nehmen und eine Delegation zusammenzustellen, um die Forderungen der Versammelten ins Rathaus zu tragen: Reisefreiheit, Pressefreiheit, Einführung eines Zivildienstes, Recht auf friedliche Demonstrationen, Freilassung der seit dem 3. Oktober „zugeführten“ Gefangenen, Wahlfreiheit, Legalisierung des Neuen Forums sowie offener und gewaltfreier Dialog in der Gesellschaft! Wolfgang Berghofer hatte als erster DDR-Oberbürgermeister die Überbringer der Stimme des Volkes, die Gruppe der 20, am nächsten Morgen empfangen.

Weniger bekannt ist, was danach geschah. Gruppenmitglied Frank Neubert setzte sich wenige Stunden später ins Auto, um die Botschaft vom gewaltfreien Dialog nach Leipzig zu tragen. Unterwegs blieb er liegen. Motorhaube auf: Die Zündkerzen waren manipuliert worden. Einen Trabi aber konnte man selbst reparieren. Neubert schaffte es noch, beim Friedensgebet in der Nikolaikirche zu berichten. Die anschließende Demonstration der 70 000 Leipziger brachte die entscheidende Wende.

Obgleich Berghofer sich die Forderungen lediglich angehört und nichts erwidert hatte, stellte dies eine erste Anerkennung dar. Dennoch zweifelte er an, dass es der Mehrheitsmeinung entspräche. Der Gruppe der 20 fehlte die offizielle Legitimation. Da Unterschriftensammlungen verboten waren, hatte Gruppenmitglied Friedrich Boltz einen genialen Einfall: den Rückhalt in der Bevölkerung durch eine symbolische Eine-Mark-Spende zu erkunden. Der juristische Berater der Gruppe Steffen Heitmann

Einlieferungsschein
– Sorgfältig aufbewahren –

M 1,–

nto-Nr. des Empfängers

8299-52-13691

odierter Zahlungsgrund
konstant | variabel

Postvermerk

8019 DSDN 19
2327 0251 26.10.8
12032 0,1
12 1,0

Mit einem Einzahlbeleg über eine Mark votierten Tausende Dresdner im Oktober 1989 für die Legitimation der Gruppe der 20.

warnte zwar vor dem Verstoß gegen das DDR-Spendengesetz. Doch Entwicklungsingenieur Boltz ließ sich nicht beirren und stellte sein ohnehin still gelegtes Postsparkonto zur Verfügung. „30 Handzettel hatte ich im Betrieb ausgedruckt und verteilte sie vor der Kreuzkirche.“ Durch Abschriften verbreiteten sich das Anliegen und die Kontonummer wie ein Lauffeuer.

„Das Postscheckamt rief bei mir an, sie seien überfordert, würden nur noch das eine Konto bearbeiten. Bald darauf bekam ich per Boten einen Brief vom Generalstaatsanwalt, der das Konto wegen Gesetzesverstoß sperren ließ.“ Zwei Stunden später klingelte der Postbote mit dem nächsten Schreiben des Generalstaatsanwalts, das die in der Eile verdrehte Nummer richtigstellte. „Am nächsten Tag ging ich zu dem Rathausmann für Inneres und erklärte: ‚Wenn das Konto nicht freigegeben wird, mache ich das öffentlich.‘ Am Tag darauf kam wieder ein Bote vom Generalstaatsanwalt – mit der Freigabe.“

Rund 100 000 Mark waren bereits am 19. Oktober zusammengekommen. „Die Summe wurde zu einem geringen Teil für Bürobedarf genutzt, der größte Teil später an ein katholisches Altenheim gespendet.“

Durch diese spontane Aktion erhielt die Gruppe der 20 am 30. Oktober 1989 die offizielle Anerkennung und Demonstrationserlaubnis. Die erste legale Demo am 6. November behinderten Stasi-Störer massiv. Daraufhin organisierte die Gruppe die öffentlichen Versammlungen gemeinsam mit dem Neuen Forum. „Die Zeit bis zum 9. November war, euphorisch gesagt, die revolutionäre Phase“, blickte Boltz später zurück. „Bis dahin war der Anschluss an die BRD noch kein Thema gewesen. Es ging nicht um Streik, wir arbeiteten tagsüber und gingen abends demonstrieren. Wir wollten nicht die Regierung stürzen, sollten die doch selbst zurücktreten.“

Kanzler in Unterwäsche

Als Kanzler Kohl am 19. Dezember 1989 Dresden besuchte, badete er in einer Welle der Sympathie. Während er mit dem Ministerpräsidenten Hans Modrow im Hotel Bellevue beim Kaffee saß, sammelten sich vor dem abgeriegelten und vom BND überwachten Gebäude immer mehr Demonstranten für die Wiedervereinigung. „Auf den Dächern des Wohnblocks an der Rähnitzgasse gegenüber lagen Scharfschützen", erinnert sich der damalige Angestellte Detlef Gäbler. Er hatte 1987 als Page angefangen und unzähligen Promis die Koffer aufs Zimmer getragen. „Ob nun Ingrid Biedenkopf Mutti genannt werden wollte oder man Sting nichts recht machen konnte, ich begegnete allen Gästen quasi auf Augenhöhe. Helmut Kohl hab ich in Unterwäsche gesehen und gemerkt: Außerhalb des Rampenlichts sind sie alle Menschen wie wir."

Klingt normal, doch seit seiner Eröffnung 1985 verbreitete Dresdens erstes Valutahotel den exotischen Duft des Westens. Mit rund 750 Angestellten, sieben Restaurants, zwei Bars, Hausarzt, Tiefgarage mit Limousinen-Fuhrpark, Werkstatt und Autowäsche, Patisserie, Wäscherei, Kühlhaus für täglich frisch angelieferte Blumen, Werbeabteilung und Kartenkontingent für die Semperoper bildete das Haus eine Welt für sich. Es verfügte sogar über eine eigene Schlachterei und Räucherei für das frisch erlegte Wild aus Moritzburg. „Im Keller befanden sich für das Personal ein Konsum und eine Kantine. Darin standen luxuriöse Lederstühle, es gab bis zu sechs opulente Wahlgerichte aus der Betriebsküche. Auf dem Gang dorthin sahen wir, wie ganze Hirsche, Rehe und Wildschweine angeliefert wurden."

Hatte Detlef Gäbler anfangs Ginger Ale noch deutsch ausgesprochen, so beherrschte er bald weltgewandt, wie man kniggemäßig Kiwis verspeist. „Wir haben jeden Gästewunsch als Herausforderung betrachtet und erfüllt: Geht nicht gibt's nicht, wir haben aus Sch… Gold gemacht. Also blieben wir professionell freundlich, als das importierte Maritim-Personal bei der Übernahme Anfang der Neunziger herablassend meinte, wir müssten noch vieles lernen." Der Schlosser Detlef Gäbler hatte sich in seinem zweiten Berufsfeld von der Pike auf über den Doorman und Wagenmeister zum Empfangshallenchef hochgearbeitet, besaß eine „Fahrerlaubnis für nichtsozialistische Automobile, die mich aus so mancher Volkspolizeikontrolle rettete," und hatte es schon 1990 zum ersten sächsischen Concierge mit eigener Loge (GbR) gebracht.

Auf den Kopf gefallen war er also keineswegs, zupacken konnte er schon immer und an Ehrgeiz mangelte es ihm auch nicht. Acht-Stunden-Schicht, rollende Woche: „Man gönnte sich nur eine ganz kurze Pause, schlang das Essen hinunter und rannte gleich wieder los, um am Gast zu sein. Denn man wusste ja nie genau, wann der eintrifft, es gab noch keine Handys." Die allererste Westmark war für Detlef Gäbler sensationell. „Wofür eigentlich, man macht doch nur seinen normalen Job. Aber bald dachte man sich: Da geht noch was! Wir waren verrückt nach der West-Kohle." Ein regelrechter Wettbewerb entbrannte, wer das meiste Trinkgeld ergatterte.

„Wenn Gäste in – nennen wir es besonderer – Begleitung ankamen, war es unsere Aufgabe, darauf zu achten, dass diese sich an der Rezeption anmeldete. Die Meldescheine gingen direkt in die Bautzner Straße [Sitz der Stasi-Behörde]. Im Bellevue gab es keine sogenannten Hostessen wie auf der Leipziger Messe, sondern nur die geduldeten Damen in der Jupiter-Bar. Von denen wusste man im Laufe der Jahre, welche zum Stamm gehörten." Wagte sich doch mal eine Hausfrau dort hinein, um etwas dazuzuverdienen, oho! „Da gab's aber Ärger, die hielten zusammen wie eine Art Gewerkschaft." In treulicher Pflichterfüllung lief Detlef Gäbler einmal einem Herrn hinterher, der für seine Vorliebe für weibliche Eskorte bekannt war: „‚Sie wissen doch, dass Sie die Dame anmelden müssen!' Woraufhin diese ausflippte, sie sei die Ehefrau. Ich kriegte zum Glück noch die Kurve. Um ihm Ärger zu ersparen, behauptete ich, dass er doch immer allein käme und es sicher nur vergessen hätte und ich die Ehefrau ja gar nicht kenne." Am nächsten Tag bedankte der fast Ertappte sich unauffällig beim Pagen mit einem großzügigen Trinkgeld.

Nach Möglichkeiten gefragt, wo der Zwangsumtausch am besten auszugeben sei, kassierte Detlef Gäbler einen Teil davon für das Vermitteln von Restaurantplätzen an der Hauptstraße, in Bellmanns Erlebnislokal „Linie 6" oder bei Vincenz Richter in Meißen. In den eigenen exklusiven Hotelrestaurants wurden

Sein erstes Gespräch mit dem damaligen Ministerpräsidenten Hans Modrow führte Bundeskanzler Helmut Kohl im Biedermeierzimmer des Hotels Bellevue.

Valuta-Besitzern diese natürlich in Rechnung gestellt. War ein Page länger als 20 Minuten nicht an seinem Platz am Empfang, wurde er gesucht. „Wir durften uns nicht zu lange mit Gästen unterhalten. Und für den Umgang mit Journalisten waren wir extra geschult.“ Einmal hielt ihm ein Gast zwei Fünf-Mark-Stücke hin: eines in West, eines in Ost. „Ich solle mich entscheiden. Ich glaub nicht, dass er ein Spitzel war, hab aber trotzdem die Ost-Mark genommen. Da war er baff. Ich erklärte ihm, dass ich die behalten dürfe und dafür Butter kaufen könne; Westgeld müssten wir abliefern.“ Sämtliche erhaltenen Devisen hatten Bedienstete mit direktem Kundenkontakt nach der Schicht gegen Quittung und Unterschrift abzurechnen. Aufgeteilt auf das gesamte Personal lief das am Monatsende auf 25 bis 30 DM in Forumschecks pro Kopf hinaus, womit man im hauseigenen Intershop einkaufen konnte.

Nun klimperte aber im Laufe einer einzigen Schicht meist mehr als doppelt so viel in schweren Münzen in den Hosentaschen. „Wir Portiers besaßen als einzige Schlüssel zum Gepäckraum. Dort leerten wir zwischendurch die verdächtige Beule in eine illegale Kasse.“ Wie aber die Beute hinausschaffen? Jeder hatte seine eigene Methode. So kam es beispielsweise vor, dass der Wagenmeister das fremde Auto am Palaisplatz abstellte, weil der Hotelparkplatz überfüllt war. Wollte der Gast abreisen, holte der Bedienstete den Wagen herbei. Dabei bot sich ihm die Gelegenheit, unbeobachtet ein Stofftaschentuch, worin er das Geld eingewickelt hatte, unter einem Busch zu verstecken. Es war nämlich so, dass man nach Dienstschluss am Personalausgang sporadisch auf Zeitungen, Geschenke, Münzen gefilzt wurde, alles musste abgegeben werden. „Also bin ich mit meinem blauen Blitz, meinem Trabi, erst mal eine Runde durch Dresden gefahren, später wieder zurückgekommen und habe mein Geld wieder ausgebuddelt."

Und wofür das Ganze? „Ja, hätte ich die Wende geahnt, hätte ich gespart und getauscht und wäre heute um ein paar Taler reicher. Aber wir haben alles verprasst und verfressen, verlebt und verplempert." Die Familie durfte sich zu Ostern und Weihnachten in einem entfernten Intershop, wo keiner sie kannte, etwas aussuchen. „Man blieb vorsichtig." Überall im Bellevue, hinter den Deckenspiegeln, auf den Gängen, am Gebäude außen liefen Überwachungskameras. Schon beim ersten Personalgespräch hatte ein teilnahmsloser Mitarbeiter in der Ecke gesessen und kein Wort gesagt. „Ich hatte null West-Kontakte, war bei der Fahne in einer Spezialeinheit gewesen, also wurde ich genommen. Die Stasi, das waren für mich anfangs noch die Guten, die den Staat beschützten."

Das Bild bröckelte, je tiefer die Einblicke waren, die Detlef Gäbler hinter die Kulissen gewann. „Hinter der Rezeption befand sich die große Schaltzentrale, die Computer waren ja Riesenschränke. Im Laufe der Zeit bekam man mit, welche Zimmer verwanzt waren. Die Kameras, fingerkuppengroß, steckten im Deckenfurnier. In der rund um die Uhr besetzten Telefonzentrale gab es Kabinen, wohin die Gäste Gespräche ins NSW [nichtsozialistisches Wirtschaftsgebiet] anmeldeten, weil das vom normalen Zimmer aus nicht ohne Weiteres ging." Gewiss wurde alles abgehört.

Doch plötzlich war auf einen Schlag alles anders. „Die Stasi fuhr mit vollbeladenen LKW aus der Tiefgarage. Von mir gibt es seltsamerweise keine Akte." Die Wende spülte Leute mit Know-how und Kreditwürdigkeit an, Autohändler, Finanzberater, Zuhälter. „Ein Gast hatte im Westen mit Fertiggaragenhandel angefangen und es hier schnell mit größeren Immobilien zum Millionär gebracht.“ Die ersten, die den wilden Osten eroberten, „erfüllten voll das Klischee: Männer mit fetten Goldketten, die mit Scheinen um sich warfen. Wir erlebten Bombendrohungen. In der Lobby-Bar verhaftete das SEK Schutzgelderpresser ...“

Ob Kohl und Modrow in ihrem Vier-Augen-Gespräch über Einheit versus Zwei-Staaten-Lösung an jenem historischen 19. Dezember wohl solche und andere Folgen bedachten? Die Nachrichtenabteilung des Bundespresseamts hatte den Bundeskanzler jedenfalls gegen 16 Uhr davon unterrichtet, dass UdSSR-Außenminister Schewardnadse gerade das Europaparlament auf Schärfste vor einer zu schnellen deutschen Einheit gewarnt habe. An der Frauenkirche wurden von westdeutschen LKW herunter bereits Deutschlandfahnen an Demonstranten verteilt. Gegen das vereinbarte Protokoll hatte Oberbürgermeister Wagner für Kohl ein Rednerpult hingestellt. Er sprach. Und die Euphoriewelle der versammelten Massen spülte alle Bedenken über Bord.

Bunte Republik

Bereits eine Woche vor der Währungsunion vom 1. Juli 1990 konnte man in Dresden Geld umtauschen. Auf der „Staatsbank" der Bunten Republik Neustadt (BRN) erhielten die Kunden zwar noch keine D-Mark, aber für ihre letzten Alu-Markstücke eins zu eins Neustadtmark (NM) in frisch gedruckten Scheinen. Umgekehrt zur offiziellen Abwertung der DDR-Sparguthaben galt für „Wessis" der Kurs von 2 DM für 1 NM, gültig an allen beteiligten Ständen im Festgebiet.
Die Spaßrepublik existierte ein Wochenende lang in den Grenzen der Äußeren Neustadt, die mit weißer Farbe auf den Zufahrtsstraßen gezogen wurden. „Achtung, Sie betreten den demokratischen Sektor Dresdens!", war auf der einen Seite der Asphaltmarkierung zu lesen und auf der anderen: „Sie auch!" Der selbst ernannte Monarch erließ Dekrete, gab ein Zentralorgan und Pässe heraus. Darin stand: „BürgerInnen der BRN haben das Recht und die Pflicht, gegen Mietwucher, Spekulation und Zerstörung energisch vorzugehen. Sie genießen dabei die wohlwollende Unterstützung der Prov. Reg." Womit weder provinziell noch provokatorisch, sondern die Provisorische Regierung gemeint war. Eine Reminiszenz an 1849, als Sachsens Bürger- und Soldatenräte sich anschickten, die Geschicke in die eigenen Hände zu nehmen, was die Neustädter notgedrungen schon längst taten.
Seit 1970 sollten in den Altbaugebieten „sozialistische Wohnverhältnisse" geschaffen werden, war „zur Verbesserung der Stadtstruktur die meist sehr schlechte und überalterte Bausubstanz zur Schrumpfung vorgesehen", zitierte Autor Matthias Lerm den damaligen Sprachgebrauch für Abriss. „Da jedoch die Zahl der neu errichteten Wohnungen in Dresden der

Neben Flagge, Währung und Pass von 1990 bewahrt das Museum in der Prießnitzstraße 18 zahlreiche Fotos, Filme und Erinnerungen an die Bunte Republik Neustadt auf.

Geschwindigkeit des Verfalls der Altbausubstanz nicht folgen konnte, war es nicht möglich, Ersatz zu schaffen. So blieben die alten Gebäude weitgehend erhalten, aber zumeist in beklagenswertem Zustand."

Die Gosse im Treppenhaus stellte für nicht wenige Mieter noch nach der Wende den einzigen – natürlich kalten – Wasseranschluss und -abfluss dar. Das bedeutete Reparieren aus eigener Kraft, nach dem Regen die vollgetropften Eimer vom Dachboden schleppen, entleeren, wieder aufstellen, heruntergefallene Schieferplatten wieder aufs Dach kleben, Kabelschächte hacken, Duschkabinen einbauen, entrümpeln, um- und ausbauen. Meist packten Freunde mit an. „Die Nachbarschaftshilfe funktionierte hier noch", fasste die Leiterin des Klubs der Volkssolidarität Nischan zusammen. So war ein Gefühl der Identität gewachsen in einer Heimat, die keineswegs so chaotisch war, wie Außenstehende von dem „Assi-Viertel“ dachten. Noch lange wurde die Miete monatlich in bar kassiert, hielt sich die über Jahrzehnte gewohnte Ordnung, lobte Elke Hofmann: „Meine Oma passte auf, dass die Haustür 20 Uhr abgeschlossen wurde. Sie überwachte auch den Plan fürs Waschhaus und dass die herausnehmbaren Außenfenster und die Jalousien gesäubert und repariert wurden.“

Markenzeichen der BRN-Staatsflagge waren Mickey Mouse und der zum Siegerkranz umgedeutete Ährenkranz aus dem Wappen des untergegangenen Systems. „Also eine Verhohnepiepelung des alten Symbols“, erklärte Mitgründer Wolfhard Pröhl die Idee. „Und gleichzeitig symbolisierte die Mickey Mouse die Oberflächlichkeit des absatzgierigen Kapitalismus, wie sie schon unmittelbar vor der Tür stand und klopfte. Nee, nicht die guten Sachen sind zuerst gekommen, sondern Tand und Billig, irgendwelche Videomärkte und Erotikshops und so’n Zeugs.“

Dass die deutsche Einheit die logische Fortsetzung der Wende sein würde, stand seit dem Wende-Herbst 1989 zunächst nicht zur Debatte. Im Gegenteil, die neu gewonnene Freiheit sollte dazu dienen, alles anders zu machen, besser als die DDR, aber auch besser als die BRD. Ein dritter Weg wurde heftig diskutiert. Doch die letzten Volkskammer- und Kommunalwahlen im Frühling 1990 beendeten die Debatten mit dem haushohen Sieg der CDU. Enttäuscht saß danach die Dresdner Basisgruppe der Vereinigten Linken (VL) in einer Kneipenrunde im Galeriecafé „Bronxx“ und ertränkte ihre Gesellschaftsutopie im Alkohol. Aus dieser Bierlaune heraus erwachte die trotzige Lust, den Anschluss an die Bundesrepublik mit dem Ausrufen einer eigenen, einer Bunten Republik zu persiflieren. In wenigen Wochen realisierten sie die Idee vom Straßenfest unter ironischen Vorzeichen.

Was in den ersten Jahren fröhlich anarchistisch mit vielen kleinen nichtkommerziellen Initiativen der Anwohner auf Brachen, Straßen und in Höfen, mit BRN-TV und Piratensender begonnen hatte, endete 1993 mit der „Regierungsauflösung in der Elbe“. Nach Straßenschlachten von Radau-Touristen war offiziell Schluss, ein Privatmann organisierte das Fest 1994. Bis 2001 meldeten zumeist Gesamtveranstalter die BRN beim Marktamt an. Das waren Kultur-, Anwohner- oder Fördervereine, die bald ausbrannten. Mit wachsendem saniertem Wohnraum sowie größerem Kultur- und Gastronomieangebot in Dresdens Kneipenviertel stiegen die Mieten, strömten Gentrifizierer und Erlebnistouristen herbei. Ab 1998 richtete die Stadt ein Parkverbot im gesamten Festgebiet ein.

Im Jahr 2000 vermarkteten Clubbesitzer die BRN als „größtes und buntestes Open-Air-Festival Ostdeutschlands“. Bierwagenkarawanen, DJ-Türme und Fressbuden, kurzum kommerzielle Beliebigkeit hielt Einzug.

Die Zuschauerzahl schnellte auf 150 000 hoch, Anwohner beschwerten sich über die Massen, den Lärm, fehlende Toiletten, Vandalismus, Respektlosigkeit. Schlägereien und Plünderungen begleiteten die BRN ohnehin seit den frühen Jahren. Betrunkene und Gefrustete, Autonome und Skinheads pöbelten gern im Schatten des Festes gegen die Polizei. 2001 kam es zu gravierenden Ausschreitungen Hunderter gewaltbereiter Jugendlicher. Überregionale Medien berichteten von brennenden Barrikaden. Polizeihundertschaften aus Bayern, Thüringen, Hessen, Brandenburg und Sachsen übten Genua-ähnliche Treibjagdmanöver, unschuldige Passanten gerieten zwischen die Fronten.

Ab dem Folgejahr fand sich keine Dachorganisation mehr. Jeder Einzelveranstalter meldete sich selbstständig im Rathaus an, das 2003 das Glasflaschenverbot einführte. Die Polizei änderte ihren Kurs mittlerweile auf Deeskalation. T-Shirts „Gegen Proll-Touristen“ und Nostalgie-Pässe kursierten, selbst gestalteter Tücher vor den Fenstern setzten Zeichen gegen Rechts. Gäste und Neustädter feierten seither recht friedlich.

In der dritten Dekade hatte sich das Festgeschehen aufgrund verschwundener Brachen und Privatisierung von Höfen in den Straßenraum verlagert. Botschafter aus anderen Mikronationen kamen zu Besuch. Ein Einbürgerungstest und Reisepässe wurden aufgelegt. Eine „Schwafelrunde (ohne Ritter)“ orientierte wieder auf mehr Individualität und Kultur seitens der Anwohner statt Fremdvermietung. „Begrüßungsgeld“ und Mikroförderungen für Kulturangebote wurden ausgereicht. Inselverantwortliche meldeten ihre Straßenabschnitte im Rathaus an. Seit 2015 wehte die neue Flagge in Regenbogenfarben, das Logo wurde jährlich angepasst. Nachdem das überforderte Ordnungsamt die Bescheide zu spät ausgegeben und ein Sicherheitskonzept die Bürger übergangen hatte, meldeten viele Veranstalter gar nicht mehr an. Die „Schwafelrunde“ löste sich auf. Bis 2020 arbeitete das BRN-Büro als Koordinierungsstelle zwischen Bürgern und Verwaltung und führte einen Pfandbecher ein. Aber stetig steigende Auflagen „trockneten“ die BRN aus, die Gästezahl sank. Corona brachte das Aus.

Diese wechselhaften drei Jahrzehnte des überregional bekannten Festes thematisiert eine Dauerschau im BRN-Museum. Getragen von Ehrenamtlern, öffnet sie einmal im Monat und zu besonderen Anlässen. Zeitzeugen, Objekte und Filme erzählen den Werdegang vom anfangs spontanen, von Idealismus getragenen Fest über den Rückzug der Initiatoren und Weitertragen durch Vereine und Arbeitskreise, Privatleute oder gar keine Organisation. Dem Wandel des Stadtteil-Images zum Szeneviertel folgend, entwickelte sich die BRN zum entpolitisierten Spaß-

und Vergnügungsfest, das Polizei und Ämter, Presse und Stadtmarketing immer wieder beschäftigte. Lange Zeit blieben der akzeptierte und strapazierte Ausnahmezustand am dritten Juni-Wochenende, die Lust der Ansässigen an Spontaneität und die Neugier der Gäste die Konstanten. Seither erfindet sich die BRN neu als Bunter Sommer, im Neustadt Art Festival oder zu diversen Straßenfesten. Ob der zivile Ungehorsam der Anfangsjahre überlebt und wenn ja, was gefeiert wird, wird die Zukunft zeigen. Von ihr hatte sich die Regierung in ihrer Erklärung 1990 erhofft: „mehr Grün, Spielplätze, Verkehrsberuhigung und Stärkung der Solidargemeinschaft kontra Willkür und Zerstörung. Unsere Stärke liegt in unserer Kreativität und Mitmenschlichkeit. Behaltet eure gute Laune!“

Elefant in der Straßenbahn

Einen Elefanten durch die Stadt zu führen, ist ein echter Hingucker. Ihn in einer Straßenbahn zu befördern, ist spektakulär. Und wenn das ausgewachsene Tier nur gaaanz knapp durch die Tür passt, ist das sensationell.

Zugetragen hat sich die Sache 1992. Den Hintergrund für den Werbegag bildete neben dem Überraschungseffekt für die Passagiere eine ähnliche Story aus Wuppertal. Dort war 1950 Elefantendame Tuffi mit der berühmten Schwebebahn mitgefahren. Allerdings nahm die Sache ein dramatisches Ende. Um es vorwegzunehmen: In Dresden ging alles gut aus.

An jenem kühlen Dezembertag saß eine fröhliche Schülerschar auf Stadtrundfahrt in der Kinderstraßenbahn Lottchen, ein gemeinsames Projekt der Dresdner Verkehrsbetriebe und

Matthias Stresow (li.) erzählt bis heute gern die unglaubliche Geschichte, wie Max mit Pflegerin und Clown vom Zirkus Berolina eines Tages die Kinderstraßenbahn Lottchen enterte.

der Stadtverwaltung. Matthias Stresow vom Jugendamt erinnert sich bis heute daran, als wäre es gestern gewesen. Am Großen Garten stoppte der Fahrer und öffnete eine Tür. An der Haltestelle stand Max vom Zirkus Berolina. Im Nu waren alle Sehenswürdigkeiten, die Kinder sonst spannend finden, wie Park-Eisenbahn, Zoo oder Kinder-Museum, vergessen. Alle Augen richteten sich auf den Dickhäuter. Mit angehaltenem Atem beobachteten die kleinen und großen Mitreisenden, wie sich ein großer grauer Fuß vorsichtig auf die erste Stufe senkte. Der zweite folgte, dann der dritte und vierte.

Unter Aufsicht und mithilfe des Fachpersonals erklomm Max Schritt für Schritt den Wagen. Das Unvorstellbare gelang: Der Elefant passte glücklich geradeso hinein! Inmitten der aufgeregten Stimmen ging Max nun seelenruhig mit auf Tour. Als die Bahn wieder anhielt und die Tür sich öffnete, gab es dann doch noch ein klitzekleines Problemchen. Offenbar hatte Max Gefallen an der bequemen Fortbewegung und allseitigen Bewunderung gefunden und zeigte keinerlei Ambitionen, auszusteigen. Schließlich wurde die Aktion mit Geduld und Leckerlis gemeistert. Applaus!

Ein größeres Problem haben die Zeitzeugen von damals bis heute: Sobald sie die Geschichte erzählen, blicken sie in zweifelnde Gesichter. Unglaublich, aber wahr, genauso hat sie sich zugetragen.

Buy bei Bui!

Seit Ende der 60er-Jahre schickten sozialistische Bruderstaaten wie Kuba und Vietnam, vor allem aber aus Afrika, Frauen und Männer als Gastarbeiter in die DDR. Per Dekret von oben waren die ausbildenden Betriebe für deren Integration zuständig. So erinnert sich Norbert Schlechte aus dem VEB Funkwerk Dresden an den Dezember 1968: „Binnen weniger Tage sind Unterkunft, Deutschunterricht und ärztliche Betreuung zu organisieren. Da diese Aufgabe politisch so hoch angebunden ist, erhalten wir überall grünes Licht. Beinahe im Handstreich finden wir die Villa Orlando an der Schillerstraße, fahren zum Großhandel, die Vietnamesen werden eingekleidet. Vom Ausflug ins Erzgebirge schwärmen unsere Gäste und von der Schneeballschlacht – der erste Schnee in ihrem Leben. Bald sitzen wir bei weihnachtlichen Klängen zusammen. Ich kann so manche Träne der 16 bis 20jährigen Mädchen und Jungen sehen, die an ihre Lieben denken, die jetzt tausende Kilometer entfernt den Krieg erleben."

„Ich kam mit 21 in die DDR", berichtete Bui Dinh Tuyen aus Thanh Hoa. „Nach dem Vietnamkrieg war das Land zerstört. Es gab keine Betriebe mehr, keine Arbeit für junge Leute. Und andere sozialistische Länder wie Russland, DDR, Ungarn oder Tschechoslowakei suchten Arbeiter. Man musste Dokumente ausfüllen und bei der Stadt abgeben. Das Land konnte man sich nicht aussuchen, das hat die Stadt festgelegt. So kam ich 1982 nach Dresden und habe bei Pentacon Dreher gelernt."

Im Rahmen einer Ausstellung gab der Mann vom Jahrgang 1961 ein Interview: „Schwer fiel mir anfangs, Deutsch zu sprechen, die Kultur und das Zusammenleben zu verstehen. Die Pünktlichkeit der Deutschen gefällt mir. Ich finde es gut, dass es hier Arbeitslosenhilfe, Sozialhilfe oder Kindergeld gibt. Wenn man in Vietnam nicht arbeitet, hat man kein Geld zum Leben. Wer in Schwierigkeiten ist, dem helfen die Nachbarn und Freunde. Man wohnt in kleinen Quartieren, Höfen oder Stadtvierteln in Großfamilien zusammen, besucht sich jeden Tag. Als ich noch in Vietnam lebte, haben die Generationen abends zusammengesessen, geredet oder gespielt."

Doch das Land hat sich verändert. „Wenn ich heute dort bin, langweile ich mich. Das Wetter ist zu warm, Tag und Nacht fahren Autos, man hat keine Ruhe mehr." Und Dresden ist ihm inzwischen zur Heimat geworden. „Ich habe hier meine Frau kennengelernt, wir haben geheiratet. Laut Gastarbeiterabkommen durfte man sechs Jahre lang in der DDR bleiben oder einen An-

„Onkel Bui" hat den bekanntesten „Tante-Emma-Laden" in Dresdens Szeneviertel.

trag auf Verlängerung stellen. Ich durfte so lange bleiben, bis auch die Genehmigung meiner Frau ablief, die nach der politischen Wende endete. Dann galten die neuen Gesetze. Ich erhielt eine unbegrenzte Aufenthaltsgenehmigung."

Rund 16 000 vietnamesische Vertragsarbeiter blieben wie Buis Familie in den neuen Bundesländern. Nun wurden ihnen zwar nicht mehr zwölf Prozent vom Verdienst für den Wiederaufbau der alten Heimat abgezogen, doch der Lohn reichte bei allem Fleiß gerade zum Überleben. Die Pleitewelle erwischte auch sie. „Nach der Schließung von Pentacon arbeitete ich bei Planeta, bis auch der Betrieb geschlossen wurde. Von 1991 bis 1993 war ich Maschinenführer bei Polypack. 1992 war mein erster Sohn geboren worden. Ich verdiente zu wenig, um die Familie zu unterhalten, meine Frau erhielt nur das Kindergeld. Die Wohnung kostete 260 DM, zum Leben blieben 360 DM." Bui wagte den Schritt in die Selbstständigkeit und eröffnete 1993 einen „Tante-Emma-Laden" unter dem Motto „Buy bei Bui". „Die Kunden sagen, sie lieben es, bei mir einzukaufen und sich zu unterhalten. Wenn ich sonntags zum Spaziergang durch die Straßen laufe, grüßen mich die Leute, die Kinder rufen: ‚Hallo, Bui!' Ob Junge, Alte oder Familien – ich habe mit vielen Menschen hier gute Kontakte. Ich lebe gern in Deutschland."

Weitere Bücher über die Region

Dresden – Stadt der Schlösser und Gärten, Farbbildband
Uwe Schieferdecker (Autor),
Jan Legler (Fotograf)
72 Seiten, dt./engl./frz.
ISBN 978-3-8313- 3617-3

Sachsen – Schlösser und Burgen
Petra Steps
72 Seiten, zahlr. Farbfotos
ISBN 978-3-8313-3254-0

Dresden in der DDR-Zeit
Fotografien aus den 80er-Jahren
Hans-Jürgen Freudenberger
72 Seiten, zahlr. S/W-Fotos
ISBN 978-3-8313-3304-2

Dresdner Straßen, Geschichte und Geschichten
Uwe Schieferdecker
80 Seiten, zahlr. S/W-Fotos
ISBN 978-3-8313-3551-0

Wartberg-Verlag GmbH
Im Wiesental 1 34281 Gudensberg
www.wartberg-verlag.de

Bücher für Deutschlands Städte und Regione
Tel. 0 56 03 - 93 05 0
Fax. 0 56 03 - 93 05 28